77 STERNENFENSTER
Geschichten für stille Zeiten

Willi Hoffsümmer (Hg.)

77 *Sternenfenster*

Geschichten für stille Zeiten

Matthias Grünewald Verlag

VERLAGSGRUPPE PATMOS

PATMOS
ESCHBACH
GRÜNEWALD
THORBECKE
SCHWABEN

Die Verlagsgruppe
mit Sinn für das Leben

Für die Schwabenverlag AG ist Nachhaltigkeit ein wichtiger Maßstab ihres Handelns. Wir achten daher auf den Einsatz umweltschonender Ressourcen und Materialien. Dieses Buch wurde auf FSC®-zertifiziertem Papier gedruckt. FSC (Forest Stewardship Council®) ist eine nicht staatliche, gemeinnützige Organisation, die sich für eine ökologische und sozial verantwortliche Nutzung der Wälder unserer Erde einsetzt.

© 2011 Matthias Grünewald Verlag der Schwabenverlag AG,
Ostfildern
www.gruenewaldverlag.de

Umschlag: Finken & Bumiller, Stuttgart
Druck: CPI – Ebner & Spiegel, Ulm
Hergestellt in Deutschland
ISBN 978-3-7867-2890-0

Inhalt

Sich in der Stille verwandeln lassen

Was in der Stille wachsen kann

Vorwort

Wie von selbst stellt sich beim Betrachten der Sterne das
Staunen ein. Der Himmel scheint sie seit ewigen Zeiten
dem Dunkel entgegenzustellen. Und wie gerne lassen wir
uns verzaubern von der Weite des Sternenhimmels, der
den Alltag mit all seinen Sorgen und seiner Hektik klein
und fern erscheinen lässt. Deshalb ermuntert uns schon
Leonardo da Vinci: »Binde deinen Karren an einen Stern«.
Wenn es gelingen soll, dass eine Vision unser Leben neu
beflügelt, dann gehört auch die Stille und das Schweigen
dazu, sie zu entdecken und ihr Raum zu geben.
Die 77 Geschichten dieses Buches sind wie Fenster, die
den Blick weiten und stille Zeiten schenken können.
Denn erst, wenn ich nicht nur die Weite des Sternenhimmels erkenne, sondern auch den kleinen Stern, der
scheinbar nur für mich leuchtet, erst, wenn ich zur Mitte
finde und auch in mich hineinhorche, gebe ich meiner
Seele die Chance nachzukommen, denn – sie geht am
liebsten zu Fuß.

Dass Ihnen das gelingen möge,
wünscht
Ihr
Willi Hoffsümmer

Die Kraft
der Stille

1

MEHR ZEIT ZUM NACHDENKEN

Im alten China, so wird berichtet, hatte ein Bauer ein kleines Reisfeld oberhalb einer Schlucht.

Täglich stieg er mehrmals in die Schlucht hinab, um Wasser für seine Felder hinaufzutragen.

Als die Europäer ins Land kamen und den Bauern seine mühsame Arbeit verrichten sahen, boten sie ihm an, eine Pumpe zu bauen, die ihm die ganze Last des Wassertragens ersparen würde.

Der Bauer lehnte höflich ab: »Könnte ich nicht mehr Wasser tragen, so fehlte mir die Zeit – zum Nachdenken.«

2

EIN AUSSERGEWÖHNLICHES WORT

Der Gouverneur unterbrach eine Reise, um dem Meister seine Ehrerbietung zu erweisen.

»Staatsgeschäfte lassen mir keine Zeit für lange gelehrte Abhandlungen«, sagte er. »Könntet Ihr das Wesentliche der Religion für einen aktiven Menschen wie mich in einem oder zwei Absätzen zusammenfassen?«

»Ich werde es mit einem einzigen Wort zum Nutzen Eurer Hoheit ausdrücken.«

»Unglaublich! Wie lautet dieses außergewöhnliche Wort?«

»Stille.«

»Und auf welchem Weg gelangt man zur Stille?«

»Meditation.«

»Und was, darf ich fragen, ist Meditation?«
»Stille.«

3
STILLE ODER LÄRM?

Meister Polykarp konnte nirgends Stille finden. Er lebte in einer Welt, die sich auslebte in Geschrei, Gekreisch, Gebrüll, in Knirschen, Rascheln, Rasseln, Poltern, Rumpeln, Heulen, Krachen, Getümmel, Getöse, in Krawall aller Art. Um ihn herum brüllten die Maschinen, brüllten die Menschen, brüllte die Musik.

Der verzweifelte Polykarp schloss sich in seinen Elfenbeinturm ein, dichtete alle Fenster und Türen ab und versah die Tapete mit Isoliermaterial. Danach setzte er sich bequem in seinen Sessel zurecht, zündete sich eine Pfeife an, griff nach der Feder, tauchte sie ins Tintenfass – er war ein Freund traditionellen Schreibgeräts – und wollte gerade mit der Arbeit beginnen, als er ein Pfeifen wie von hundert Sirenen hörte, das ihm durch Mark und Bein ging.

Der Meister sprang auf: »Was ist das?«, ächzte er. »Was ist das?«

»Fürchte dich nicht«, vernahm er eine mächtige Stimme, »das bin ich – die *Stille*. Ich wollte dir nur sagen, dass ich bei dir bin und dass ich dich nie mehr verlasse.«

»Aber warum heulst du so?«, flüsterte der Meister entsetzt.

»Neue Zeiten, neue Sitten«, entgegnete die Stille. »Um heute zu existieren, muss ich mich dem allmächtigen Lärm anpassen und seine Methoden übernehmen.«

»Muss ich das so verstehen, dass du, Stille, dem Lärm zu Diensten bist?«, brüllte Polykarp.

Die Stille errötete leicht, senkte schamhaft die Wimpern und sagte: »Hm, ja ... ja ...«

»Satan!«, donnerte Meister Polykarp, und weil er sich an Luther erinnerte, warf er das Tintenfass nach der Stille, das an der Wand zerschellte und einen schwarzen Tintenfleck von beunruhigenden Formen hinterließ.

4

WENN ES KEINE STILLE MEHR GIBT ...

»Unmöglich«, sagte ein Redakteur unlängst, als ich ihm vorschlug, Soloaufnahmen des Trompeters Leo Smith in einer meiner Sendungen vorzustellen. Wir stoppten die Bänder. Mittendrin gab es bis zu dreizehn Sekunden Stille.

»Sind Sie wahnsinnig?«, fauchte der Redakteur, »dreizehn Sekunden Pause, da segelt uns doch der Sender ab! Pause oder Stille, das ist hier die Frage. Früher gab es für Pausen das Pausenzeichen. Heute wird alles dicht aneinander gefahren. Stille als Ausnahmezustand in einer mit Musik akustisch zutapezierten Umwelt.«

In der Stimme des Redakteurs begann sich Angst zu spiegeln: »Bei dreizehn Sekunden Stille könnte sich ein Alarmgerät einschalten; Hörer X könnte die Kaffeetasse aus der Hand fallen; Hörerin Y hätte Anlass, an der Existenz des Senders, ja letztlich an der öffentlich-rechtlichen Ordnung zu zweifeln.«

Stille als Bedrohung, als unerhörte Provokation.

»Wohin«, fragte ich den Redakteur, »soll etwas nachklingen, wenn es keine Stille mehr gibt? Welche Verarmung droht uns, wenn jeder etwas besprechen, aber keiner mehr etwas beschweigen kann?«

5

VERBISSENER FLEISS ERSCHRECKT

Als die zwölf Minderbrüder den Wald am Monte Subasio betraten, blieb Bruder Leo vor einem großen Ameisenhaufen stehen – weiß der Himmel, was ihm in seinem schwerfälligen Kopf herumging – und wartete ab, bis auch Franz als Letzter erschien.

»Francesco«, fing Leo an, »ich wollte dich schon lange etwas fragen.«

»Sprich und ich höre«, sagte Franz und hielt an.

»Hast du nicht gesagt, wir sollten an den Wundern der Natur nicht achtlos vorübergehen, sondern Gott für die Vollkommenheit seiner Geschöpfe danken?«

Francesco nickte und Leo fuhr fort: »Du sagtest das, als wir ein kunstvolles Spinnennetz am Wege entdeckten. Und hast du nicht auch gesagt, wir sollten unseren Schwestern und Brüdern, den Tieren, helfen? Erinnere dich! Du sprachst dieses Wort, nachdem du die bunte Schnecke vom Fahrweg ins Gras gesetzt hast.«

»Ja«, sagte Franz, »ich erinnere mich.«

Und Bruder Leo sprach weiter: »Du sagtest auch, aus den Vollkommenheiten unserer Mitgeschöpfe sollten wir lernen. Das war, als die Amsel vor Sonnenaufgang so wunderbar sang. Weißt du das noch?« Franz stimmte zu.

Da deutete Leo auf den Ameisenhaufen: »Sind wir nicht jeden Morgen an diesem Bau vorübergegangen? Bedenke, wie klein eine Ameise ist und wie groß dieses Werk – viel größer als für uns Menschen der Turmbau zu Babel. Du aber bist niemals stehen geblieben, um es zu betrachten.

Einmal hatte der Specht ein tiefes Loch in den Haufen geschlagen und die Ameisen waren in heller Aufregung. Du aber hast mit keiner Piniennadel, keinem Halm, keinem Blatt geholfen, das Bauwerk zu flicken.

Und jeden Morgen vermisse ich von Neuem ein Lob aus deinem Munde für unsere kleinen Schwestern; nie hast du gesagt, wir sollten von ihnen lernen, obwohl doch die Ameisen alle Geschöpfe an Fleiß übertreffen. Fast möchte ich glauben, Bruder Francesco, du liebst die Ameisen nicht.«

Franz senkte den Kopf, er stritt es nicht ab. Schließlich antwortete er: »Ich lobe dich, Bruder Leo, für deine feine Beobachtungsgabe. Sieh diese Ameisen an: Sie ruhen und rasten nicht. Sie schleppen Lasten von früh bis spät und häufen riesige Bauten an. Sie schauen niemals zum Himmel auf und gönnen sich niemals die Muße, den Sonnenschein zu genießen. Der verbissene Fleiß unserer kleinen Schwestern erschreckt mich und erfüllt mich mit Angst, die Menschen könnten in ferner Zeit von den Ameisen lernen und nichts mehr kennen als Arbeit und Hetze, Nützlichkeit und Anhäufen ihres Besitzes.«

Ein Südseehäuptling sagt: »Der Papalagi, der weiße Mann, ist immer unzufrieden mit seiner Zeit, und er klagt den großen Geist dafür an, dass er nicht mehr gegeben hat. Ja, er lästert Gott und seine große Weisheit, indem er jeden Tag nach einem ganz gewissen Plan teilt und zerteilt. Er zerschneidet ihn gerade so, als führe man kreuzweise mit einem Buschmesser durch eine weiche Kokosnuss. Alle Teile haben ihren Namen: Sekunde, Minute, Stunde. Die Sekunde ist kleiner als die Minute, diese kleiner als die Stunde, und man muss sechzig Minuten und noch viel mehr Sekunden haben, ehe man so viel hat wie eine Stunde.

Es gibt in Europa nur wenige Menschen, die wirklich Zeit haben. Vielleicht gar keine. Daher rennen auch die meisten durchs Leben wie ein geworfener Stein. Fast alle sehen im Gehen zu Boden und schleudern die Arme weit von sich, um möglichst schnell voranzukommen. Wenn man sie anhält, rufen sie unwillig: ›Was musst du mich stören? Ich habe keine Zeit, sieh zu, dass du die deine ausnützt!‹ Sie tun gerade so, als ob ein Mensch, der schnell geht, mehr wert sei und tapferer als der, welcher langsam geht.

Ich glaube, die Zeit entschlüpft ihm wie eine Schlange in nasser Hand, gerade weil er sie zu sehr festhält. Er lässt sie nicht zu sich kommen. Er jagt immer mit ausgestreckten Händen hinter ihr her; er gönnt ihr die Ruhe nicht, sich in der Sonne zu lagern. Sie soll immer ganz nahe sein, soll etwas singen und sagen. –

Die Zeit aber ist still und friedfertig und liebt die Ruhe und das breite Lagern auf der Matte. Der Papalagi hat die Zeit nicht erkannt, er versteht sie nicht, und darum misshandelt er sie.«

7

GEMÄCHLICH ZUM BRUNNEN LAUFEN

»Guten Tag«, sagte der kleine Prinz.

»Guten Tag«, sagte der Händler.

Er handelte mit höchst wirksamen, Durst stillenden Pillen. Man schluckt jede Woche eine und spürt überhaupt kein Bedürfnis mehr zu trinken.

»Warum verkaufst du das?«, sagte der kleine Prinz.

»Das ist eine große Zeitersparnis«, sagte der Händler. »Die Sachverständigen haben Berechnungen angestellt. Man erspart dreiundfünfzig Minuten in der Woche.«

»Und was macht man mit diesen dreiundfünfzig Minuten?«

»Man macht damit, was man will …«

»Wenn ich dreiundfünfzig Minuten übrig hätte«, sagte der kleine Prinz, »würde ich ganz gemächlich zu einem Brunnen laufen …«

Die Juden einer kleinen Stadt in Russland erwarteten ungeduldig die Ankunft eines Rabbi. Das kam nicht oft vor, und deshalb dachten sie lange über die Fragen nach, die sie dem heiligen Mann stellen wollten.

Als er schließlich kam und sie mit ihm in der großen Halle der Stadt zusammentrafen, konnte er die Spannung spüren, mit der sie seine Antworten auf ihre Fragen erwarteten.

Zuerst sagte er nichts; er blickte ihnen nur in die Augen und summte eine schwermütige Melodie. Bald begannen alle zu summen. Er fing an zu singen, und alle sangen mit ihm. Er wiegte seinen Körper und tanzte mit feierlichen abgemessenen Schritten. Die Gemeinde folgte seinem Beispiel. Bald waren sie so sehr von dem Tanz gefangen, so sehr in die Bewegungen vertieft, dass sie auf nichts anderes mehr achteten. Auf diese Weise wurde jeder in der Menge wieder ganz, wurde von der inneren Zersplittung geheilt, die uns von der Wahrheit fernhält.

Fast eine Stunde verging, ehe der Tanz langsam aufhörte. Die Spannung in ihrem Inneren war gewichen, und jeder verharrte in dem schweigenden Frieden, der den Raum erfüllte.

Dann sagte der Rabbi die einzigen Worte, die an jenem Abend über seine Lippen kamen: »Ich hoffe, ich habe eure Fragen beantwortet.«

9
EIN LOB DER LANGSAMKEIT

Im Stadion habe ich einen Sportler beobachtet, einen der schnellsten der Welt! Vor dem Finale ging er unglaublich langsam – wie in Zeitlupe – die eigentlich unheimlich kurzen einhundert Meter ab; mit geschlossenen Augen, völlig ruhig – ich hätte mich nicht gewundert, wenn er die Strecke betend abgegangen wäre.

Dann verbeugte er sich fast vor der Ziellinie, drehte ohne Eile um und ging genauso behutsam Schritt für Schritt konzentriert zurück. Tausende Augen verfolgten ihn. Ich habe noch niemanden so bewusst langsam gehen sehen.

Dann ging alles ganz schnell: Jacke aus, »Auf die Plätze!«, Kopf runter, »fertig!«. Beim Startschuss explodierte die Kraft! In weniger als zehn Sekunden war alles vorbei. –

Wann eigentlich, so dachte ich, war das Rennen gelaufen: jetzt oder eben vor dem Start?

10
GENIESSEN

Es waren einmal viele Tiere auf dem Weg zum Himmel. Ein Weiser mit dem gleichen Ziel schloss sich ihnen an und fragte sie der Reihe nach nach ihrem Leben.

Da zählte ein Fuchs seine Abenteuer auf, ein Eichhörnchen berichtete von seinem beweglichen Dasein, eine Schleie schwamm ihr Leben in großen Zügen vor, ein Hahn tat sich wichtig mit seinen Pflichten, ein Regenwurm murmelte dunkle Dinge, und ein Floh wusste viel Menschliches.

Als es aber an der Eidechse war zu reden, schwieg sie. Der Weise wartete, die Eidechse schwieg. Der Weise gab ihr gute Worte, die Eidechse schwieg, der Weise bot seine ganze Weisheit auf, die Eidechse schwieg noch immer.

Schließlich, als sie schon dem Himmel nahe waren, züngelte sie ein bisschen, blinzelte einmal und sagte: »Ich habe mich gesonnt.«

11
DER KOSTBARE SCHATZ

Kürzlich traf ich in den Straßen einer großen Stadt den Sonntag. Ich erschrak, denn er sah schlecht aus, krank und müde.

»Ja, es geht mir gar nicht gut«, meinte der Sonntag traurig. »Ich war bei vielen Professoren und Ärzten; auch sie sind ratlos, und ihre Diagnose ist verwirrend. Manche von ihnen meinen, ich leide unter einer Neurose. Und denken Sie nur, einer sagte zu mir: ›Du armer, alter Sonntag, die Menschen haben dir die Seele geraubt; du wirst bald sterben.‹«

Da war ich neugierig und ich fragte ihn: »Hast du wenigstens noch die Apotheke Gottes?«

»O ja«, sagte er, »sie ist mein kostbarster Schatz. Die Sonne und die Stille und die Freiheit und das Ausruhen und das Loslassen … und all die vielen Kräuter als Angebote zum Heilen der Menschen. Diese Apotheke Gottes habe ich noch, aber die Menschen fragen kaum mehr danach. Ganz schlecht geht es mit den Kräutlein Ruhen und

Beten und Glauben, ganz schlecht«, murmelte der alte
Sonntag und bog um die Ecke.

12 NICHT AUS DER PUSTE GERATEN

Beppo, der Straßenkehrer, tat seine Arbeit gern und
gründlich. Er wusste, es war eine sehr notwendige Arbeit. Wenn er die Straßen kehrte, tat er es langsam, aber
stetig bei jedem Schritt einen Atemzug und bei jedem
Atemzug einen Besenstrich. Schritt – Atemzug – Besenstrich – – –.

Während er sich so dahinbewegte, vor sich die schmut-
zige Straße und hinter sich die saubere, kamen ihm oft
große Gedanken. Aber es waren Gedanken ohne Worte,
Gedanken, die sich so schwer mitteilen ließen, wie ein
bestimmter Duft, an den man sich nur gerade eben noch
erinnert, oder wie eine Farbe, von der man geträumt hat.
Nach der Arbeit, wenn er bei dem Mädchen Momo saß,
erklärte er ihr seine großen Gedanken. Und da sie auf
ihre besondere Art zuhörte, löste sich seine Zunge, und er
fand die richtigen Worte.

»Siehst du, Momo«, sagte er dann zum Beispiel, »es ist so:
Manchmal hat man eine sehr lange Straße vor sich. Man
denkt, die ist so schrecklich lang; das kann man niemals
schaffen, denkt man.«

Er blickte eine Weile schweigend vor sich hin, dann fuhr
er fort: »Und dann fängt man an, sich zu eilen. Und man
eilt sich immer mehr. Jedes Mal, wenn man aufblickt,
sieht man, dass es gar nicht weniger wird, was noch vor
einem liegt. Und man strengt sich noch mehr an, man

kriegt es mit der Angst, und zum Schluss ist man ganz außer Puste und kann nicht mehr. Und die Straße liegt immer noch vor einem. So darf man es nicht machen.«
Er dachte einige Zeit nach. Dann sprach er weiter: »Man darf nie an die ganze Straße auf einmal denken, verstehst du? Man muss nur an den nächsten Schritt denken, an den nächsten Atemzug, an den nächsten Besenstrich. Und immer wieder nur an den nächsten.«
Wieder hielt er inne und überlegte, ehe er hinzufügte: »Dann macht es Freude, das ist wichtig, dann macht man seine Sache gut. Und so soll es sein.«
Und abermals nach einer langen Pause fuhr er fort: »Auf einmal merkt man, dass man Schritt für Schritt die ganze Straße gemacht hat. Man hat gar nicht gemerkt wie, und man ist nicht außer Puste.«

13

DIE SPANNKRAFT BEWAHREN

Es wird erzählt, dass der alte Apostel Johannes gern mit seinem zahmen Rebhuhn spielte. Eines Tages kam ein Jäger zu ihm. Er wunderte sich, dass Johannes, ein so angesehener Mann, spielte. Er hätte doch in der Zeit viel Gutes und Wichtiges tun können. Deshalb fragte er: »Warum vertust du deine Zeit mit Spielen? Warum wendest du deine Aufmerksamkeit einem nutzlosen Tier zu?«
Johannes schaute ihn verwundert an. Warum sollte er nicht spielen? Warum verstand der Jäger ihn nicht? Er sagte deshalb zu ihm: »Weshalb ist der Bogen in deiner Hand nicht gespannt?«

»Das darf man nicht«, gab der Jäger zur Antwort. »Der Bogen würde seine Spannkraft verlieren, wenn er *immer* gespannt wäre. Wenn ich dann einen Pfeil abschießen wollte, hätte er keine Kraft mehr.«

Johannes antwortete: »Junger Mann, so wie du deinen Bogen immer wieder entspannst, so musst du dich selbst auch immer wieder entspannen und erholen. Wenn ich mich nicht entspanne und einfach spiele, dann habe ich keine Kraft mehr für eine große Anspannung; dann fehlt mir die Kraft, das zu tun, was notwendig ist und den ganzen Einsatz meiner Kräfte fordert.«

14
DIE RÄDER

Ein Stellmacher hatte für eine großräumige Kutsche vier Räder angefertigt und montiert. Für jedes einzelne Rad hatte er Sorgfalt und Mühe aufgewandt und war nun stolz auf den guten Lauf des Wagens.

Fröhlich und guter Dinge nahmen die vier Räder ihre Aufgabe wahr, auf ihre Art den Fahrgästen zu dienen. Sie fanden sich mit unebenen Wegen ab und legten eintönige Fahrten auf langen Straßen zurück. Sie waren davon erfüllt, dass ihre Anstrengungen etwas Gutes bewirkten.

Im Laufe der Zeit, als sie sich schon vielfach heiß gelaufen hatten, wünschten sie sich endlich, dass gelegentlich jemand ihrer Leistung Beachtung schenkte. Aber das Lob der Passagiere galt dem Kutscher, den Pferden und eventuell den weichen Polstern, auf denen sie saßen. An die Räder dachte niemand. Ihr zeitweises Rattern und Quietschen drang nicht in das Bewusstsein derer, die sich ihrer bedienten.

Eines Tages mochte das rechte Hinterrad nicht mehr Schritt halten mit dem geforderten Tempo. Es knirschte und klemmte, ruckte und stand. Da mochten sich die Pferde noch so sehr ins Zeug legen. Das Rad konnte sich nicht mehr drehen.

Da erst wurden Kutscher und Passagiere auf das Rad aufmerksam, beschauten es, befühlten es und priesen seine bisherige Leistung. Wie gut tat es den Rädern, Zuwendung zu erfahren! Sie wurden gesäubert, geölt, gelobt und mit einer Pause bedacht, in der sie abkühlen konnten.

Wir dürfen nicht immer so selbstverständlich funktionieren, sagten sie. Soll man uns auch nur zeitweise bemerken, müssen wir auf uns aufmerksam machen.

Die Mitte finden

15

DIE TÜR NACH INNEN ÖFFNEN

Zum Meister kam ein Mann, der trotz seiner beruflichen Karriere, seines Reichtums und gesellschaftlichen Erfolges nicht glücklich war.

»Ich habe alles, was ich mir wünschen kann«, sagte der Mann. »Haus, Auto, genug Geld auf dem Konto, Frau und Kinder sind gesund, und doch fühle ich mich nicht wohl. Der Wohlstand ist einerseits natürlich beruhigend, aber andererseits fühle ich mich hilflos, weil ich weiß, dass nicht immer alles so bleiben muss.«

»Du erinnerst mich an den Mann, von dem ich einmal hörte«, antwortete der Meister: »Dieser Mann versuchte eines Abends, ein Tor nach außen hin aufzustoßen. Doch so sehr er sich auch bemühte, das Tor öffnete sich ihm nicht. Verzweifelt fühlte er sich eingesperrt und vermeinte, da draußen sei seine Freiheit. Schließlich war es Nacht geworden, und erschöpft sank er nieder und schlief ein.

Als er am Morgen erwachte, stellte er fest, dass sich das Tor *nach innen* öffnen ließ.«

16

DER EILIGE

Der Rabbi sah einen auf der Straße eilen, ohne rechts und links zu schauen. »Warum rennst du so?«, fragte er ihn. »Ich gehe meinem Erwerb nach«, antwortete der Mann. »Und woher weißt du«, fuhr der Rabbi fort zu fragen,

»dein Erwerb laufe vor dir her, dass du ihm nachjagen musst? Vielleicht ist er dir im Rücken, und du brauchst nur innezuhalten, um ihm zu begegnen, du aber fliehst vor ihm.«

17

FORTSCHRITT IN DER EILE?

Wenn meine Großmutter ihre Mutter besuchen wollte, brauchte sie dafür drei Tage: Einen Tag fuhr sie mit Bekannten in der Pferdekutsche hin, einen Tag blieb sie dort, erzählte und erfuhr das Neueste, halb in der Küche oder im Garten. Am dritten Tag fuhr sie heim.

Wenn meine Mutter ihre Mutter besuchen wollte, brauchte sie dafür zwei Tage: Sie fuhr mit dem Zug. Wenn sie Glück hatte, bekam sie Anschluss. Sie erzählte und erfuhr das Neueste, übernachtete dort und fuhr am nächsten Tag zurück.

Wenn wir zu meiner Mutter fahren, brauchen wir dafür mit dem Auto eine halbe Stunde. Lange können wir aber nicht bleiben, denn die Kinder werden unruhig, und wir wollen ja noch die neue Standuhr abholen, und außerdem müssen wir noch unbedingt schnell die Papiere zum Steuerberater bringen.

Wenn mich meine Kinder besuchen wollen?

18
DIE AUS DER BESINNUNG KOMMEN

In eine Versammlung der Gemeinde kamen plötzlich
Männer, die niemand kannte. Auf die Frage des Vorste-
hers nach dem ›Woher‹ antworteten sie: »Wir kommen
aus der Wüste ...«
Da antwortete der Vorsteher: »Wenn ihr aus der Wüste
kommt, dann dürft ihr als Erste sprechen!«

19
MEHR NACH INNEN REISEN

Meine erste Weltreise hatte mich nach Japan geführt. Ich
stand vor dem Phönix-Tempel bei Kyoto, der alten Kaiser-
stadt.
Der Mönch erkundigte sich, woher ich käme.
Ich wäre kein Europäer gewesen, wenn ich ihm nicht
meine Reise in leuchtenden Farben geschildert hätte. Be-
greiflich vor einem Buddhisten, dass ich die heiligen
Stätten seines Glaubens hervorhob: Buddha-Gaya in Indien, Kandy auf Ceylon.
Sein Gesicht wurde ernst, immer ernster. Als ich geendet
hatte, entstand eine Pause.
Dann der Mönch mit dunkler Stimme: »Welch ein Schick-
sal Sie haben! Wie leid Sie mir tun, dass Sie reisen müssen. Ich reise nur nach *innen*.«

GEHT MEHR NACH INNEN!

Sagte der Meister zu dem Geschäftsmann: »Wie der Fisch zugrunde geht auf dem Trockenen, so geht Ihr zugrunde, wenn Ihr Euch verstrickt in den Dingen der Welt. Der Fisch muss zurück in das Wasser – Ihr müsst zurück in die Einsamkeit.«
Der Geschäftsmann war entsetzt. Muss ich mein Geschäft aufgeben und in ein Kloster gehen?«
»Nein, nein. Behaltet Euer Geschäft und geht in Euer Herz.«

WARTEN, BIS DIE SEELE NACHGEKOMMEN IST

Eine Himalaya-Expedition war unterwegs nach Norden. Nachdem die Gruppe den ersten großen Pass überschritten und eine kurze Rast gemacht hatte, rief der Expeditionsleiter wieder zum Aufbruch.
Dem leisteten aber die indischen Träger nicht Folge. Als ob sie nichts gehört hätten, blieben sie weiter auf ihren Planen hocken, die Augen am Boden, und schwiegen.
Als der Europäer weiter in sie drang, schauten ihn einige Augenpaare verwundert an.
Schließlich sagte einer: »Wir können nicht weitergehen, wir müssen warten, bis unsere Seelen nachgekommen sind!«

AM LIEBSTEN GEHT DIE SEELE ZU FUSS

Ein vielgereister Mann kommt nach Santiago, um den Apostel Jakobus zu besuchen und an seinem Grab zu beten. Aber weder in der Kathedrale noch am Grab gelingt es ihm, seine Gedanken zu sammeln. Seine Lippen sprechen leere Formeln und seine Gedanken sind bei ganz anderen Dingen.

Nach mehreren vergeblichen Versuchen trifft er in der Kathedrale zwei still dasitzende Männer. Sie scheinen Pilger zu sein und er bittet sie um einen Rat.

»Seit wann sind Sie hier?«, fragt ihn der eine.

»Seit gestern. Ich kam mit dem Flugzeug«, antwortet der Reisende.

»Dann haben Sie Geduld. Ihre Seele kommt nach. Sie braucht noch Zeit. Sie ist noch unterwegs, am liebsten geht sie zu Fuß. Denn schon der Weg ist etwas vom Ziel.«

SICH ZEIT NEHMEN FÜR DAS WESENTLICHE

Ein deutscher Industrieller hatte beim Tee auf einer Geschäftsreise in Indien ein interessantes Gespräch. Er wollte es durch eine Einladung am Abend gern fortsetzen.

Die unerwartete Antwort verblüffte ihn: »Danke vielmals. Ich habe leider keine Zeit, ich muss heute Abend nachdenken!«

DER MENSCH, DER SEINE MITTE SUCHT

Es war einmal ein Mensch mit Wissen und Fertigkeiten, der sehr herzlich zu allen war. Deshalb wurde er sehr beliebt und gefragt.

Aber weil er zu keinem »Nein« sagen konnte, war sein Herz immer weniger dabei: Er öffnete schließlich nur noch seine »inneren Schubladen«, aus denen er verteilte.

Je bekannter er wurde – und auf Ansehen und Anerkennung wollte er nicht verzichten –, umso mehr funktionierte er. Die Menschen sagten es ihm nicht, wenn sie etwas ohne Herz bekamen: Sie taten, als seien sie mit allem zufrieden.

Eines Tages brach dieser Mensch zusammen. Traurig erkannte er: Ich habe meine Mitte verloren, weil ich glaubte, das alles leisten zu können. Ich wollte ja keinen enttäuschen! Und er weinte sehr, als er merkte, dass er nicht mehr auf sein eigenes Herz gehört hatte.

Da nahm er sich Zeit auszuruhen, auf die Stille zu hören und seine Mitte wieder mit Zärtlichkeit und Liebe zu füllen.

GANZ HIER SEIN

»Wo soll ich Erleuchtung suchen?«
»Hier.«
»Wann wird sie stattfinden?«
»Jetzt in diesem Augenblick.«

»Warum spüre ich sie nicht?«

»Weil du nicht siehst.«

»Was sollte ich sehen?«

»Nichts. Nur sehen.«

»Was?«

»Alles, worauf dein Auge fällt.«

»Muss ich auf eine besondere Weise sehen?«

»Nein, wie gewohnt, das genügt.«

»Aber sehe ich nicht immer so wie gewohnt?«

»Nein.«

»Warum denn bloß nicht?«

»Weil du ganz hier sein musst, um zu sehen, und du bist meistens anderswo.«

26
SICH IN DER STILLE VERSENKEN

Vor einem Lotusteich saß der Meister in tiefer Meditation versunken. Die Beine verschränkt, die Hände offen in den Schoß gelegt und die Augen geschlossen, saß er kerzengerade da, und man konnte nicht einmal die Bewegung eines Atemzugs wahrnehmen. Sein Geist wanderte auf dem inneren Pfad, der herausführt aus der diesseitigen Welt.

Ein Unwissender kam vorbei und sah den Meister unbeweglich verharren. Er gewann den Eindruck, dass der Meister am helllichten Tag nichts Besseres zu tun hatte, als inmitten der schönen Umgebung ein Schläfchen zu halten. Empört zupfte er den Nichtsnutz am Ärmel.

»Die schönsten Stunden verschlafen und dem lieben Gott den Tag stehlen! Was bist du nur für ein Faulpelz! Schlafen kannst du, wenn du nach getaner Arbeit müde bist. Los, mache endlich die Augen auf und erfreue dich an den Herrlichkeiten der Schöpfung, solange du dazu noch eine Möglichkeit hast«, empört er sich in selbstgefälligem Eifer.

Langsam kehrte die Seele des Meisters von ihrer inneren Reise zurück. »Ach, du Unwissender«, sagte der Meister. »Alles, was du mit deinen Augen siehst, sind nur die äußeren Zeichen, Spiegelbilder der wahren Herrlichkeit, die im Strom der Zeit zerrinnen. Du suchst die Wirklichkeit in einem Spiegel, doch die Früchte, die du darin erblickst, können deinen Hunger nicht stillen. Die Nahrung, die deine Seele braucht, findest du nur in den Gärten deines Herzens.

Die Schimären dieser Welt lenken doch mit immer neuen Reizen ab, weil du die Stimme deines Herzens nicht hören willst, denn der schöne Schein ist dir lieber als der mühsame Weg der Entsagung des Weltlichen. So weißt du nichts von der wirklichen Welt in deinem Innern und läufst weiterhin deinem eigenen Schatten nach, auf der Suche nach dem, was du Glück nennst.

Doch wenn du aus deinem Traum von dieser Welt erwachst, wird es zu spät sein, deine Seele zu trösten. Denn glaube mir, Seligkeit findet allein der, der vor dem Sterben schon stirbt, für den der Tod nicht das Ende des Lebens ist, sondern für den der Beginn des Lebens bereits der Anfang des Todes ist. Wahrhaft glücklich ist der, der schon in diesem Leben an den Rosenhecken des Paradieses entlanggeht und den Duft der Verheißung atmet.«

ALS GOTT MICH UMFING

Als vor Zeiten der erste bebende Laut über meine Lippen drang, erklomm ich den heiligen Berg und sprach zu Gott. Und ich sagte: »Herr, ich bin dein Diener. Dein geheimer Wille ist mein Gesetz, und ich folge dir immerdar.«

Aber Gott antwortete nicht. Er entschwand einem mächtigen Sturme gleich, und nach tausend Jahren erklomm ich den heiligen Berg, und wieder sprach ich zu Gott. Und ich sagte: »Schöpfer, ich bin dein Geschöpf. Aus Ton hast du mich geformt, und was ich bin und habe, schulde ich dir.«

Aber Gott antwortete nicht. Er entschwand tausend eiligen Flügeln gleich. Und nach tausend Jahren erklomm ich den heiligen Berg, und wieder sprach ich zu Gott. Und ich sagte: »Vater, ich bin dein Sohn. Aus Liebe und Erbarmen hast du mich gezeugt, und in Liebe und Ehrerbietung will ich dein Königreich erben.« Aber Gott antwortete nicht. Er verschwand wie Dunst in der Ferne.

Und nach tausend Jahren erklomm ich den heiligen Berg, und wieder sprach ich zu Gott. Und ich sagte: »Mein Gott, mein Ziel und meine Erfüllung. Ich bin dein Gestern, und du bist mein Morgen. Ich bin deine Wurzeln in der Erde, du bist meine Blüte am Firmament, und gemeinsam wachsen wir vor dem Antlitz der Sonne.«

Da neigte sich Gott hernieder und flüsterte süße Worte in mein Ohr. Und wie der See das Bächlein umfängt, das in ihm mündet, so umfing er mich. Und als ich in die Weiten und Täler hinabstieg, war Gott auch dort.

Ein junger Mann war voller Glaubenszweifel. So suchte er einen weisen Mann auf und klagte ihm sein Leid: »Ich kann die Nähe Gottes nicht spüren und von seiner Gegenwart nichts mehr wahrnehmen. Ich glaube schon gar nicht mehr daran, dass es ihn wirklich gibt. Sag mir, weiser Mann, wie kann ich Gott finden?«

Der weise Mann dachte eine Weile nach, dann sagte er: »Mach dich auf und geh an einen heiligen Ort. Folge den Spuren der Wallfahrer deines Volkes und begib dich zu einem ihrer Heiligtümer. Dann kehre zurück und sage mir, ob du Gott gefunden hast.«

Da machte sich der junge Mann auf und zog mit Wallfahrern zu einem Heiligtum seines Volkes. Schon auf dem Weg war er voller Erwartung und rief ohne Rast zu Gott, er möge sich doch von ihm finden lassen. Seine Gedanken waren nur mehr auf dieses Ziel gerichtet, dass sich doch Gott von ihm finden lassen möge.

Am Heiligtum angekommen, umfing ihn die Atmosphäre des Ortes. Menschen beteten an vielen Stellen, alle hatten sie dasselbe Ziel: ihren Gott zu finden, ihrem Gott zu huldigen, ihrem Gott ihre vielen Anliegen vorzubringen und Hilfe und Heilung zu erfahren.

Im Innersten der Kirche war es sehr still. Diese Stille tat dem jungen Mann gut, und er tat etwas, was er lange schon nicht mehr getan hatte: Er begann zu beten. »Gott, wenn es dich gibt, dann zeige dich mir!« Er betete, lauschte in die Stille, spürte die Ruhe, die in sein Herz einzog und verließ erst nach geraumer Zeit wieder die Kirche.

Es hatte sich kein Wunder ereignet. Doch er spürte tiefen Frieden in sich und wusste plötzlich eine Gegenwart ganz nahe, die Gegenwart Gottes. Seine Unruhe war besiegt. Seine Zweifel zerschlagen.

Voll Freude und neuen Glaubens kehrte er nach Hause zurück. Dort suchte er wieder den weisen Mann auf, um ihm von seiner erfolgreichen Suche zu berichten. »Weiser Mann, ich danke dir, dass du mich an diesen heiligen Ort gesandt hast. Dort habe ich Gott gefunden!«

Da lächelte der Weise und sagte zu ihm: »Das ist gut so. Aber du irrst, wenn du meinst, das habe am Ort gelegen. Denn nicht der Ort ist es, durch den du Gott gefunden hast. Gott ist überall gleich gegenwärtig. Aber dass du dich aufgemacht hast, um ihn mit ganzem Herzen zu suchen, das hat dich ihn finden lassen. Dass du angefangen hast, dich wieder nach ihm zu sehnen, deine Gedanken auf ihn hinzurichten, das hat dich Gott wieder neu ahnen lassen. Nicht an einem bestimmten Ort, sondern im Aufbruch, nicht am Ziel, sondern auf der Suche findest du Gott.«

29
MIT DEM HERZEN DENKEN

Das Feuer prasselte hell und warm und der alte Hirte wärmte seine Hände an den Flammen. Der junge Hirte saß ein wenig abseits an einen Baum gelehnt und träumte vor sich hin.

»Großvater, sag, wann darf ich die Schafe alleine hüten? Ich bin schon so lange bei dir und ich glaube, ich habe alles gelernt, was ein guter Hirte wissen muss.«

»Ja, ich weiß, ich bin alt und du hast gut gelernt, aber eine letzte Prüfung musst du noch bestehen. Die drei wichtigsten Eigenschaften eines Hirten sind: Stärke, denn er muss ein krankes oder verletztes Tier auf seine Schultern nehmen können, um es zu tragen. Schnelligkeit, denn er muss einen Ausreißer, ein junges Tier oder eines, das sich verlaufen hat, einfangen können. Und Mut, damit er seine Schafe vor wilden Tieren beschützen kann. Um festzustellen, ob du diese drei Eigenschaften besitzt, schicke ich dich hinaus in die Welt. Prüfe dich gut, und wenn du meinst, du hast die Prüfung bestanden, komme zurück und ich werde dir meine Herde überlassen.«

Am anderen Morgen packte der Junge sein Bündel. Viel nahm er nicht mit, nur einen Krug mit Wasser, ein Stück Brot und eine Laterne. Er verabschiedete sich von seinem Großvater und zog los, hinaus in die Welt.

Er war schon eine ganze Weile gelaufen, als er zu einem Baum kam. Ein schwarzer Vogel saß in den Ästen und sprach den Hirten an: »Ich habe schon auf dich gewartet«, krächzte er. »Hier, siehst du den Baum? Wenn du es schaffst, den Baum auszureißen mit bloßen Händen, dann bist du auch stark genug, um ein Schaf auf deinem Rücken zu tragen.«

Schon spuckte der Hirte in die Hände und versuchte, den Stamm des Baumes hin und her zu rütteln, als er plötzlich innehielt.

Es war ein schöner Baum, in den Zweigen saßen Vögel, die ihre Jungen ausbrüteten. Wenn er den Baum ausriss, müsste der sterben – und die Vögel? Nein, er konnte es nicht, diese Aufgabe konnte er nicht erfüllen.

Es war sehr heiß und es hatte lange nicht mehr geregnet, so grub der Hirte ein Loch unter den Baum und schüttete seinen ganzen Krug mit Wasser hinein. Schon kamen die ersten Vögel, um zu trinken und zu baden. Ein Teil des Wassers sickerte bis zu den Wurzeln des Baumes, die gierig das kühle Nass aufsaugten. Dann machte sich der Junge wieder auf den Weg.

Am Abend kam er zu einem kleinen See. Wieder war der schwarze Vogel da und krächzte: »Wenn du es schaffst, in einer Nacht den See leer zu schöpfen, dann bist du auch schnell genug, ein junges Schaf einzufangen.«

»Nun gut«, dachte der Hirte, nahm seinen Krug und fing an zu schöpfen. Doch plötzlich hielt er inne, denn im Krug schwamm ein Fisch. Hm, wenn ich den See leer schöpfe, was wird dann aus den Fischen und was aus dem alten Fischer, der am Ufer des Sees in einer Hütte wohnt? Nein, er schüttete den Fisch zurück in den See. Diese Aufgabe konnte er nicht erfüllen.

Er ging zur Fischerhütte, klopfte an und trat ein. »Warum sitzt du hier im Dunkeln, Alter?«

»Ach«, beklagte sich der Fischer, »meine Laterne ist zerbrochen und jetzt habe ich keine mehr.«

Der Hirte blieb die ganze Nacht bei dem alten Mann und am anderen Morgen schenkte er dem Fischer seine Laterne.

Nach einem langen Fußmarsch gelangte der junge Hirte an einen großen Wald. Und wieder war der schwarze Vogel da. »Pass auf, Hirte! In dem Wald wohnt ein Wolf, und seit einiger Zeit haben die Menschen Angst, durch den Wald zu laufen. Denn sie hörten den Wolf furchtbar heulen und knurren. Das klang ganz gefährlich, und so traute sich keiner mehr in den Wald. Wenn du den Mut hast, den Wolf zu töten, dann kannst du auch eine Schafherde vor den wilden Tieren beschützen.«

Ohne zu zögern, ging der Hirte in den Wald. Er fand den Wolf in einer Höhle. Der jammerte und heulte wirklich furchterregend. Der Hirte aber sah, dass das Tier verletzt war. Vorsichtig streckte er seine Hand aus und redete ruhig auf den Wolf ein. Der Hirte versorgte die Wunden des Tieres und gab dem Wolf sein Brot, das dieser gierig verschlang. Dann leckte er dem Hirten dankbar die Hand.

Nun, auch diese Aufgabe konnte der Hirte nicht erfüllen, denn er brachte es nicht übers Herz, das Tier zu töten. Traurig machte sich der Hirte auf den Heimweg.

Als er vor dem Großvater stand, berichtete er von seinen Erlebnissen und dass er kläglich versagt hatte.

Der alte Hirte aber lächelte und legte seine Hand auf die Schulter des Jungen. »Nein«, sagte er, »du bist der beste Hirte, den ich mir vorstellen kann, denn du denkst mit dem Herzen, und das ist die wichtigste Eigenschaft überhaupt.«

Er reichte dem Jungen seinen Hirtenstab und ging langsam davon.

Sich in der Stille
verwandeln lassen

FRAU STILLE UND FRAU HEKTIK

Sie sind Nachbarinnen, Frau Stille und Frau Hektik. Aber es trennt sie weit mehr als nur der Zaun.

Frau Stille führt ein beschauliches, ruhiges Dasein. Sie hört gern leise Musik, trinkt geruhsam ein Tässchen Tee, liest hin und wieder ein gutes Buch und lässt die Welt mit all ihren Problemen möglichst draußen vor der Tür.

»So könnte ich nicht leben«, denkt Frau Hektik. »Da ist nie etwas los, keine Aktion, keine Partys, keine Überraschungen, auch kein herzhaftes, lautes Lachen. Nein, nichts für mich.«

Ebenso skeptisch betrachtet Frau Stille die nachbarliche Betriebsamkeit. Tauschen möchte sie mit Frau Hektik nicht. Du liebe Güte. Immer das Haus voller Menschen, Freunde, Kinder, Enkelkinder. Überall Lärm, Rufen, Schreien und Toben.

So grüßen sich diese beiden unterschiedlichen Seelen artig und höflich, aber aus großer innerer Entfernung. Bestimmt wäre es auch so geblieben, wenn da nicht die Sache mit dem Hund passiert wäre.

Wie jeden Nachmittag machte Frau Stille ihren Spaziergang durch den nahen kleinen Wald. Als sie plötzlich lautes Rufen: »Hasso, Hasso« hörte. Dann stürmte Frau Hektik völlig aufgelöst um die Wegbiegung. Beinahe hätte sie Frau Stille umgerannt.

»Haben Sie einen Hund gesehen? Einen großen Irish Setter? Er ist mir weggelaufen. Was mache ich nur?«

Schrille rote Flecken breiteten sich auf Frau Hektiks Gesicht aus.

»Nur ruhig«, versuchte Frau Stille zu beschwichtigen. »Wir werden ihn schon finden. Überlegen Sie, wohin er gerannt sein könnte.«

»Das ist ja das Problem. Er kennt hier nur unser Haus und den Weg in den Wald. Was mache ich, wenn ich ihn nicht finde? Meine Freundin wird mir das nie verzeihen.« Frau Hektik war den Tränen nahe.

»Kommen Sie. Ich helfe Ihnen suchen. Zuerst gehen wir gemeinsam zurück zu Ihrem Haus, dann sehen wir weiter.« Frau Stille hatte so zuversichtlich auf ihre Nachbarin eingeredet, dass diese schnell ihre Fassung wiederfand.

Wenig später sahen sie Hasso, artig wartend vor der Haustür. Ein tiefer Seufzer der Erleichterung kam aus Frau Hektiks Innerstem.

»Nach so viel Aufregung würde Ihnen eine Tasse Tee bestimmt gut tun. Kommen Sie doch mit zu mir – samt Hund, damit er nicht wieder wegläuft«, lächelte Frau Stille.

Und so saßen die beiden ungleichen Frauen bald friedlich bei einer Tasse herrlich duftendem Tee.

»So etwas wie heute passiert mir immer wieder«, begann Frau Hektik ihr Herz zu öffnen. »Manchmal wird mir alles zu viel. Aber ich kann doch nicht nein sagen, wenn mich meine Kinder, mein Mann, Freunde, Verwandte, der Leiter des Museumsvereins oder des Theaterclubs um Hilfe bitten. Ich versuche, es allen recht zu machen. Doch inzwischen kann ich nachts schon nicht mehr schlafen. Dann sinne ich über Vergangenes nach und was ich falsch gemacht habe. Oder grüble über die Zukunft und ängstige mich. Am nächsten Morgen fühle ich mich wie gerädert. Ach, manchmal wünsche ich mir, für ein Weilchen ein ruhiges, friedliches Einsiedlerleben führen zu können.«

Frau Stille nickte. »Nichts leichter als das. Sie müssen nur üben, abzuschalten, richtig zu atmen und sich in sich selbst zu versenken. Dann werden Sie ruhig und gelassen und können aus dieser Ruhe positive Kräfte schöpfen.«

»Klingt gut. Aber ich glaube nicht, dass ich das kann.«

»Wenn Sie wollen, helfe ich Ihnen bei Ihrer Reise.«

»Reise?« Frau Hektik verstand nicht.

»Keine Sorge, Sie brauchen keinen Koffer zu packen. Es ist eine Reise nach innen. Sie werden lernen, sich treiben und forttragen zu lassen. Und wenn Sie zurückkommen, wird eine wohltuende Gelassenheit von Ihnen Besitz ergriffen haben und auf dem Grund Ihrer Seele wird Frieden eingekehrt sein.

Frau Hektik hörte andächtig zu. »Ich will es versuchen und mit Ihrer Hilfe, hoffe ich, dass es mir gelingt.« Dann fügte sie nachdenklich hinzu: »Sie tun spontan so viel für mich. Wenn ich nur wüsste, wie ich mich für Ihre Hilfe bedanken könnte.«

Da lächelte Frau Stille vertraulich: »Nichts leichter als das. Wenn Sie das nächste Mal einen Spaziergang machen oder ins Theater gehen, nehmen Sie mich mit. Wissen Sie, Ruhe und Stille alleine zu genießen, ist wunderbar. Aber heitere, nette Menschen um sich zu haben, ist noch viel wunderbarer.«

IN DER STILLE ERFAHREN WIR UNS SELBST

Zu einem einsamen Mönch kamen eines Tages Besucher. Sie fragten ihn: »Was für einen Sinn siehst du in deinem Leben der Stille?«

Der Mönch war gerade mit dem Schöpfen von Wasser aus einer tiefen Zisterne beschäftigt. Er sprach zu seinen Besuchern: »Schaut in die Zisterne! Was seht ihr?«

Die Besucher blickten in die tiefe Zisterne. »Wir sehen nichts.«

Nach einer kurzen Weile forderte der Einsiedler die Leute wieder auf: »Schaut in die Zisterne! Was seht ihr?«

Die Leute blickten wieder hinunter. »Ja, jetzt sehen wir uns selber!«

Der Mönch sprach: »Schaut, als ich vorhin Wasser schöpfte, war das Wasser unruhig. Jetzt ist das Wasser ruhig. Das ist die Erfahrung der Stille: Man sieht sich selber!«

SICH VERWANDELN LASSEN

Ein Fluss wollte durch die Wüste zum Meer. Aber als er den unermesslichen Sand sah, wurde ihm angst, und er klagte: »Die Wüste wird mich austrocknen, und der heiße Atem der Sonne wird mich vernichten, oder ich werde zum stinkenden Sumpf.«

Da hörte er eine Stimme, die sagte: »Vertraue dich der Wüste an.«

Aber der Fluss entgegnete: »Bin ich dann noch ich selber? Verliere ich nicht meine Identität?«

Die Stimme aber antwortete: »Auf keinen Fall kannst du bleiben, was du bist.«

So vertraute sich der Fluss der Wüste an. Wolken sogen ihn auf und trugen ihn über die heißen Sandflächen. Als Regen wurde er am anderen Ende der Wüste wieder abgesetzt. Und aus den Wolken floss ein Fluss, schöner und frischer als zuvor.

Und der Fluss freute sich und sagte: »Jetzt bin ich wirklich Ich.«

33

DIE KUNST DES HÖRENS

Auf einer Insel gab es einmal einen Tempel mit tausend Glocken; große und kleine, geschaffen von einem der begnadetsten Handwerkern der Welt. Wenn der Wind sie berührte oder ein Sturm sie schüttelte, ließen die Glocken eine Symphonie erklingen, die das Herz dessen, der sie hörte, in Ekstase versetzte.

Jahrhunderte vergingen. Irgendwann versank die Insel im Ozean – und mit ihr versanken die Tempelglocken. Eine Legende aber berichtet, dass die Glocken immer noch unaufhörlich läuten. Und ein jeder, der genau hinhört, kann sie vernehmen.

Ein junger Mann glaubte der Legende und machte sich auf den Weg – tausende von Meilen, um diese Glocken zu hören.

Viele Tage lang saß er an dem Ufer, das einmal die versunkene Insel gesehen hatte, und hörte mit ganzer Entschlossenheit hin. Aber in seine Ohren drang nur das Tosen des Meeres. Angestrengt versuchte er, es zu ignorieren, es half nichts. Das Tosen schien die Welt zu überfluten.

Wochenlang blieb er seinem Vorhaben treu. Jedes Mal, wenn er den Mut verlieren wollte, ging er zu den weisen Männern des Dorfes und hörte, wie sie mit Ehrfurcht die geheimnisvolle Legende von den Tempelglocken erzählten. Sein Herz entflammte dabei immer wieder neu – um ebenso wieder enttäuscht zu werden. Sein Mühen zeigte keinen Erfolg.

Irgendwann entschloss er sich aufzugeben. Vielleicht war es nicht seine Bestimmung, die Glocken zu hören. Vielleicht war die Legende auch gar nicht wahr. Und so ging er vor seiner Abreise noch einmal an den Strand, um sich vom Meer und vom Himmel, vom Wind und den Kokospalmen zu verabschieden.

Er legte sich in den Sand und lauschte zum ersten Mal einfach dem Tosen des Meeres. Bald verlor er sich so sehr in das Geräusch, dass er sich seiner selbst kaum noch bewusst war. So tief war das Schweigen, das sich in der Mitte des Tosens ausbreitete.

Und in diesem Schweigen hörte er es! Das Klingeln einer winzigen Glocke, gefolgt von einer anderen, und wieder einer und noch einer ... bis eine jede der tausend Glocken in jene unbeschreibliche Harmonie einstimmte, die sein Herz in selige Ekstase hob.

DAS MÄRCHEN VOM SCHWEIGENLAND

Ein Prinz, der nur das laute Getümmel und den Lärm bei Hofe kannte, gelangte in den Besitz eines Bildes, das eine wunderschöne Prinzessin zeigte. Er verliebte sich unsterblich in sie und wollte sie unbedingt zur Frau haben. Als er aber erfuhr, dass man im Heimatland der Prinzessin das Schweigen als höchstes Gut pflegte, sah er von einer Ehe mit ihr ab.

Er liebte sie jedoch so sehr, dass er schließlich alle Bedenken aufgab und nach Schweigenland aufbrach. Schließlich langte er im Schloss der Prinzessin an und eilte, sie zu sehen. Als er sie erblickte, rief er begeistert: »Dich will ich heiraten!«

Doch zu seiner Verblüffung verschwand die Prinzessin vor seinen Augen. Dies verschlug ihm so sehr die Sprache, dass ihm jedes Wort im Hals stecken blieb. Er starrte noch immer schweigend den leeren Thron an, als die Prinzessin wieder sichtbar wurde.

Dies wiederholte sich. Sobald er sprach, verschwand sie, schwieg er, wurde sie wieder sichtbar.

»Du musst noch das Schweigen lernen. Der Staub zu vieler toter Worte haftet an dir!«, sagte sie freundlich.

So begann der Prinz das Schweigen zu üben. Einmal saß er mit der Prinzessin schweigend zusammen, da hörte er plötzlich eine wunderschöne Musik.

»Woher kommt das?«, fragte er entzückt.

»Diese Musik machen die Sterne, wenn sie ihre Bahnen ziehen. Nur wer richtig schweigen kann, kann sie hören.

Und weil du das aus Liebe zu mir gelernt hast, kann ich dich nun auch lieben.«

Da verstand der Prinz, weshalb in Schweigenland überall Freiheit, Mitgefühl und Frieden herrschten.

Er heiratete die Prinzessin und sie wurden sehr glücklich.

35
DIE GABE DES SCHWEIGENS

Der alte Abt eines Klosters fühlt nach einem langen und mühevollen Leben, dass es wohl bald mit ihm zum Ende kommt. Da möchte er noch einmal seinen besten Freund besuchen, um von ihm Abschied zu nehmen.

Ein junger Mönch begleitet ihn auf der langen und schwierigen Wanderung in das Bergkloster. Dort fallen sich die beiden alten Freunde in die Arme und freuen sich am Wiedersehen. Nun setzen sie sich nieder und blicken sich schweigend an.

Nach einigen Stunden erhebt sich der Abt, nimmt den Arm des jungen Mönches und macht sich mit ihm auf den Heimweg.

»Warum habt ihr nicht miteinander gesprochen?«, fragt der junge Mönch.

Und der alte antwortet ihm: »Reden kann ich mit jedem Menschen auf der Welt, aber zum Schweigen braucht man einen wirklichen Freund!«

Ein Kunstkenner besuchte einmal einen japanischen Kunsthändler. Dieser zeigte ihm ein herrliches Kakemono (ein auf Seide gemaltes Rollbild).

Der Besucher war davon so beeindruckt, dass er versunken davor saß. Dann aber wurde er unruhig und wartete in der Hoffnung, der Händler würde ihm noch weitere Bilder zeigen.

Der Händler bemerkte seine Ungeduld. Deshalb fragte er ihn: »Ist es nicht schön?«

»O ja«, erwiderte ihm der andere, »aber ich würde gern noch weitere Kakemonos sehen!«

»Sind Sie denn tatsächlich noch in der Lage, nach einem solchen Erlebnis weitere Kakemonos zu betrachten?«, fragte ihn der Kunsthändler erstaunt.

37
DIE LEGENDE VOM TIEFSTEN RAUM

Es war einmal ein König, der war bei seinem Volke geachtet und beliebt. Er besaß eine große Schatzkammer, und es machte ihm Freude, seinen Untertanen daraus zu geben, was sie brauchten.

Der König hatte allerdings eine Eigenart, die seine Umgebung befremdete: Einmal am Tag, meistens am Morgen, ging er in den untersten, den tiefsten Raum seines Schlosses. Dort blieb er für längere Zeit.

Jedermann rätselte, was er wohl in diesem Raum tat. Niemand außer ihm durfte diesen Raum betreten.

Als der König alt geworden war und sein Ende kommen fühlte, rief er seinen Sohn, um ihm die Herrschaft zu übertragen. Schließlich führte er ihn auch in jenen Raum, den er selbst täglich aufgesucht hatte. Wie überrascht war der Sohn, als er seinen Fuß hineinsetzte: Der Raum war leer.

Der König bat seinen Sohn, er möge eine Nacht in diesem Raum verbringen.

Am nächsten Morgen stieg er hinunter und fragte ihn: »Was wirst du mit diesem Raum machen, wenn ich gestorben bin?«

»Ich werde ihn zumauern lassen«, antwortete der Sohn. Da bat ihn der Vater, eine weitere Nacht dort zu verbringen. Wieder fragte der Vater ihn am Morgen: »Was wirst du tun mit diesem Raum, wenn ich gestorben bin?«

Der Sohn antwortete: »Die ganze Nacht habe ich hin und her überlegt, wie ich diesen Raum füllen kann, aber ich weiß nicht wie.«

Da bat ihn der Vater, noch eine dritte Nacht in der Kammer zu verbringen. Und als er am Morgen hinunterging, lag sein Sohn friedlich am Boden und schlief. Ein letztes Mal fragte der Vater: »Was wirst du machen mit diesem Raum, wenn ich gestorben bin?«

Da antwortete der Sohn: »Ich werde wie du jeden Tag einmal in diesen Raum einkehren.«

Kurz darauf starb der König, und der Sohn regierte so gut wie der Vater. Immer hatte er genug, um jedem zu geben, was er brauchte.

EINFACH STILL DASITZEN

Eine alte Dame beklagte sich beim Meister: »Jetzt habe ich schon jahrelang fast ununterbrochen mit Gott gesprochen, aber nie das Gefühl seiner Nähe gehabt.«

Der Meister antwortete: »Haben Sie ihm denn in dieser Zeit auch die Gelegenheit gegeben, einmal dazwischen zu kommen?«

»Nein, ich habe die ganze Zeit zu ihm gesprochen, ist das denn nicht beten?«

»Versuchen Sie es einmal: Einfach ein paar Minuten dasitzen und vor dem Angesicht Gottes stricken oder auf etwas Schönes schauen!« – –

Nach einiger Zeit kam sie wieder und sagte: »Danke! Wenn ich dauernd zu ihm spreche, fühle ich nichts; aber wenn ich ihm gegenüber still da sitze, hüllt er mich ein!«

DIE GESCHENKTE STUNDE

Besorgt meldeten die Engel eines Tages dem Schöpfer, dass die Menschen fast gänzlich aufgehört hätten zu beten. Daraufhin beschloss der himmlische Rat, die Ursachen durch eine Schar von Engeln untersuchen zu lassen.

Diese berichteten Folgendes: Die Menschen wissen um das Fehlen ihrer Gebete und beklagen es. Aber leider hätten sie trotz ihres guten Willens einfach keine Zeit zum Beten.

Im Himmel war man verblüfft und erleichtert: Statt des befürchteten Abfalls handelte es sich also nur um ein Zeitproblem! Die himmlischen Räte überlegten hin und her, was zu tun sei. Einige meinten, man solle durch entsprechende Maßnahmen das moderne, hektische Leben abschaffen. Eine Gruppe schlug sogar eine Bestrafung des Menschengeschlechtes vor: »Das wird schon seine Wirkung tun«, sagten sie und verwiesen auf die Sintflut. Das Ei des Kolumbus aber fand ein junger Engel. Gott solle den Tag verlängern! Zur Überraschung aller war dieser einverstanden. Er schuf eine 25. Tagesstunde. Im Himmel herrschte Freude. »So ist Gott eben«, sagte man. »Er hat Verständnis für seine Geschöpfe.«

Als man auf der Erde zu merken begann, dass der Tag eine Stunde länger dauerte, waren die Menschen verblüfft und, als sie den Grund erfuhren, von Dankbarkeit erfüllt. Erste Reaktionen waren vielversprechend: Es werde zwar einige Zeit dauern, so hörte man aus informierten Kreisen, bis die Anpassung vollzogen sei, aber dann werde sich alles einspielen. Nach einer Zeit vorsichtiger Zurückhaltung ließen die Bischöfe verlauten, die 25. Stunde werde als »Stunde Gottes« in das Leben der Menschen eingehen.

Doch im Himmel wich die anfängliche Freude bald der Ernüchterung. Wider alles Erwarten kamen im Himmel nicht mehr Gebete an als bisher, und so sandte man wiederum Boten zur Erde. Diese berichteten: Die Geschäftsleute ließen sagen, die 25. Stunde – für die man sich durchaus zu Dank verpflichtet sehe – habe durch die Umstellung der Organisation Kosten verursacht. Durch erhöhten Einsatz müssten die Kosten eingearbeitet werden. Man bitte um Verständnis für diese Sachzwänge.

Ein anderer Engel war bei der Gewerkschaft. Erstaunt, aber doch höflich wurde er angehört. Dann erklärte man ihm, die neue Stunde entspreche einer längst überfälligen Forderung der Gewerkschaft. Im Interesse der Arbeitnehmer müsse sie für die Erholung freigehalten werden.

In Kreisen der Intellektuellen wurde über die neue Stunde ausgiebig diskutiert. In einer viel beachteten Talkshow im Fernsehen wurde vor allem darauf hingewiesen, dass dem mündigen Bürger niemand vorschreiben könne, was er mit dieser Stunde zu tun habe. Die Idee der Bischöfe, sie als »Stunde Gottes« im Bewusstsein der Menschen zu verankern, müsse als autoritäre Bevormundung zurückgewiesen werden. Im Übrigen sei die Untersuchung darüber, wie die neue Zeiteinheit entstanden sei, nicht abgeschlossen. Naiv-religiöse Deutungen aber könnten den Menschen auf keinen Fall zugemutet werden.

Dem Engel aber, der zu den kirchlichen Kreisen gesandt worden war, wurde bedeutet, dass man ohnehin bete. Der Eingriff des Himmels, so sagte man, dürfe auf jeden Fall nur als Angebot verstanden werden, als ein Baustein der persönlichen Gewissensentscheidung.

Einige gingen noch weiter und sagten, aus der Sicht der kirchlichen Basis sei die ganze Angelegenheit kritisch zu bewerten: Die Zweckbindung der 25. Stunde zugunsten des Gebetes sei eng und könne auf gar keinen Fall »von oben« verfügt werden, das heißt ohne entsprechende Meinungsbildung »von unten«. Manche Pfarrer betonten, wie dankbar sie für die zusätzliche Zeit seien, derer sie dringend für ihre pastorale Arbeit bedürften.

Und so hatten eigentlich fast alle einen Grund, warum die dazugewonnene Tagesstunde nicht dem Gebet und der Stille gewidmet sein könne. Einige Engel aber berichteten von Menschen, die die geschenkte Zeit wie andere Stunden ihres Lebens dankbar aus den Händen Gottes annahmen: für ihre Aufgaben, für den Dienst an den Mitmenschen, für die Teilnahme am Gottesdienst und – für das Gebet, für das sie jetzt noch leichter Zeit fanden als bisher – wie für die Stille.

So erkannte der himmlische Rat: Das Gebet ist eine Frage der Liebe. Zeit allein bringt keine Beter hervor. Zeit haben, genau besehen, immer nur die Liebenden.

Daraufhin wurde beschlossen, Gott zu bitten, die 25. Stunde wieder abzuschaffen und auch die Erinnerung daran aus den Köpfen der Menschen zu löschen. – Und so geschah es.

40
DAS LICHT IN DIR WIEDER ENTDECKEN

In einem fernen Land lebte ein weiser Mann, zu dem viele Menschen kamen und seinen Rat suchten. In seiner einsamen Hütte auf dem Berg stand immer eine brennende Kerze im Fenster, und es ging das Gerücht, dass diese Kerze niemals verlöschen könnte. So machten sich viele Menschen auf, um sich Licht vom Weisen zu holen. Eines Tages kam ein alter Mann, dessen Frau gestorben war. Müde und einsam stieg er den Weg zur Hütte empor, seinen Blick stets auf das Licht im Fenster des Weisen gerichtet. »Ich komme zu dir, um deine Hilfe zu erbitten«, sprach der Alte, nachdem er die Hütte betreten hatte.

»Mein Herz ist voller Traurigkeit. Ich habe die Freude verloren und in mir ist es finster. Gib mir von deinem Licht, vielleicht kann es mein Leben wieder heller machen.«

»Ich kann dir von meinem Licht geben«, sprach der Weise, »aber höre: Dieses Licht ist nur Abglanz des Lichtes, das *in dir* brennt. Du musst lernen, dieses innere Licht *in dir* wieder zu entdecken. Geh nach Hause und betrachte das Licht, sooft du kannst!«

So tat der alte Mann, und immer, wenn er vor seiner Kerze saß, kamen ihm viele Gedanken. Manchmal, da wurde seine Traurigkeit nur noch größer. Manchmal aber war er wirklich getröstet und froh.

Eines Tages, als er wieder vor seiner Kerze saß und seinen Gedanken nachhing, war es ihm, als höre er die Worte: »Fürchte dich nicht. Hab Mut. Ich bin bei dir. Auch für dich wird alles gut!«

Hatte jemand die Worte gesprochen oder hatte er sie sich nur eingebildet? Ganz gleich, wie es war, sie veränderten plötzlich sein Leben. Sie klangen in seinem Herzen und er begann, das Leben wieder neu zu sehen.

Und als dann eines Tages die Kerze auf seinem Tisch heruntergebrannt war, da wusste er, dass er sie gar nicht mehr brauchte, weil das Licht nun in seinem Herzen brannte.

So wie dem alten Mann ging es vielen anderen Menschen, die den Weisen besuchten und sein Licht mitgenommen hatten. Eine Frau, die an einer schweren Krankheit litt, fasste wieder Mut und bekam die Kraft, ihr Leiden anzunehmen und nicht zu verzweifeln. Für ein Kind, dessen Eltern geschieden wurden, wurde die Kerze zum wichtigsten Freund, dem es allen Kummer erzählte und der ihm letztendlich half, die Traurigkeit und Einsamkeit zu überwinden. Ein Jugendlicher, der verzweifelt war, fand wieder neuen Sinn und Lebensmut.

Warum und wie das wirklich geschah, das wusste keiner so genau. Aber vielleicht hatten auch sie die Worte vernommen: »Fürchte dich nicht. Hab Mut. Ich bin bei dir. Auch für dich wird alles gut!«

41
DIE SONNENBLUME UND DER SPATZ

Zwischen einer alten Holzkiste und einer Waschmitteltonne wuchs eine kleine Sonnenblume. Um sie herum lag nur Müll und Abfall. Sie war die einzige Blume weit und breit. Warum die Sonnenblume ausgerechnet hier wuchs, das wusste keiner.

Die Blume war oft sehr traurig, und nachts träumte sie von saftigen Wiesen, von bunten Blumenfeldern und von Schmetterlingen, die um sie herumflogen.

Eines Tages setzte sich ein kleiner, zerzauster Spatz vor die Strahlenblume und bestaunte sie mit offenem Schnabel.

»Wie schön du bist, wie wunderschön«, piepste der Spatz.

»Das bin ich nicht«, entgegnete die Sonnenblume traurig.

»Du müsstest mal meine Schwestern sehen, die sind zehnmal so groß, ich aber bin klein und hässlich.«

»Für mich bist du aber die Schönste«, zwitscherte der Spatz trotzig und flog davon.

Der Vogel besuchte die Blume nun jeden Tag. Und jeden Tag wuchs die Sonnenblume ein Stück höher, und ihre Blüte leuchtete jeden Tag ein bisschen mehr. Sie wurden Freunde.

Aber eines Tages blieb der Spatz aus. Er kam auch am nächsten Tag nicht, und die Blume machte sich große Sorgen.

Als sie am anderen Morgen aufwachte, lag der Spatz mit ausgestreckten Flügeln vor ihr. Wie erschrak sie da. »Bist du tot, mein kleiner Freund? Was ist passiert?«

Langsam schlug der Vogel die Augen auf. »Ich habe seit Tagen auf der Müllhalde nichts mehr zu fressen gefunden. Jetzt ist meine Kraft am Ende. Ich bin zu dir gekommen, um bei dir zu sterben.«

»Nein, nein«, rief die Sonnenblume, »warte, warte einen Moment!« Sie neigte ihre schwere Blüte nach unten, und schon fielen die Sonnenblumenkerne auf die Erde. »Pick sie auf, mein kleiner Freund, sie werden dir neue Kraft geben.« Der Spatz knackte mit letzter Kraft ein paar Körner und blieb dann erschöpft liegen.

Am nächsten Morgen aber fühlte er sich wieder stark und kräftig. Er wollte sich bei der Sonnenblume bedanken, aber wie erschrak er, als er sie sah. Die gelben Blütenblätter waren schlaff geworden, und die Blätter hingen kraftlos herunter.

»Was ist mit dir, Blume?«, piepste der Spatz erschrocken.

»Mach dir keine Sorgen«, sagte die Sonnenblume da. »Meine Zeit ist zu Ende. Weißt du, ich dachte immer, dass ich umsonst auf dieser Müllhalde stehe. Aber jetzt weiß ich, dass alles seinen Sinn hat, auch wenn wir es manchmal nicht gleich begreifen. Ich hätte ohne dich den Lebensmut verloren und du ohne mich dein Leben. Und schau, es liegen noch viele Kerne auf der Erde. Lass einige liegen, und vielleicht werden eines Tages hier viele Sonnenblumen blühen und viele zerzauste Spatzen mit bunten Schmetterlingen um die Wette fliegen.«

Was in der Stille
wachsen kann

42
ICH STELLE MICH IM SCHWEIGEN EIN

Ich sah einen jungen Benediktinermönch. Bevor er in das Besucherzimmer trat, um den Gast zu begrüßen, blieb er wohl eine Minute still und versunken vor der Tür stehen. Dann erst trat er ein.

Gefragt, was er tue und warum, antwortete er: »Ich bete und stelle mich ein. Ich tue das immer, vor jeder Arbeit, vor jeder Begegnung. Damit es gut wird.«

43
BRAUCHEN SIE STILLE?

Wir waren auf einer Reise durch Holland zu Gast bei einer Familie, deren Adresse uns durch Freunde vermittelt worden war: junge Künstler, in sehr moderner, freizügiger Art.

Als wir uns am Abend zu Tisch setzten und die Kinder mit hungrigen Augen schon zu Löffel und Gabel griffen, fragte uns die Hausfrau in Deutsch: »Brauchen Sie Stille?« Erst waren wir fast sprachlos. Es war die schönste Frage nach einem Gebet, die wir jemals gehört hatten. Wir werden diese drei Worte nie vergessen.

ECHTE RUHE BRINGT WEITER

Einen Mann überfiel nach langer Wanderung die Nacht, und er suchte für seine müden Glieder einen Ruheplatz. Er ließ sich, wie er meinte, auf einem großen Stein nieder und schlief ein.

Als er am nächsten Morgen aufwachte, fand er sich in einer völlig anderen Umgebung vor. Und sein Stock und seine Tasche, die er vor dem Schlafen neben seinem Stein abgelegt hatte, waren nicht zu finden.

Voll Erstaunen betrachtete er seine Umgebung und schließlich auch den Platz, den er zum Ausruhen ausgewählt hatte.

Da entdeckte er, dass dieser kein Stein war, sondern der Rücken einer mächtigen Riesenschildkröte. Das Tier war in der Nacht in seinem sanften Gang weitergegangen und hatte den müden Wanderer mitgenommen.

LERNEN OHNE STILLE?

Für den Vortrag des Meisters über »Die Zerstörung der Welt« wurde viel Voraus-Reklame gemacht, und eine große Menschenmenge versammelte sich auf dem Gelände des Klosters, um ihm zuzuhören.

Die Ansprache war in weniger als einer Minute beendet. Er sagte nur: »Folgendes wird die menschliche Rasse vernichten: Politik ohne Prinzipien; Fortschritt ohne Mitleid; Reichtum ohne Arbeit; Lernen ohne Stille; Religion,

wenn sie nicht furchtlos ist, und Verehrung ohne Be-
wusstheit.«

DER DRAHTKORB

Ein junger Mann, der sich schon tage-, wochen-, ja mona-
telang bemüht hatte, beten zu lernen und auch zu meditieren, stellte fest, dass einfach keine Erfahrung da war,
die blieb. Er behielt nichts in den Händen zurück. Es zer-
rann ihm alles wie Wasser zwischen den Fingern, nichts
Greifbares blieb zurück.

Er war bereits ganz verzweifelt und wollte schon mit dem
Gebet und der Meditation aufhören, da hörte er von einem Weisen, der in der Wüste lebte und der ein Meister in
Gebet und Meditation sei. Also gut, dachte er, einen letzten Versuch will ich wagen und diesen Weisen besuchen
und ihn fragen, wie denn das Beten ginge.

Er machte sich auf, fand den Weisen in der Wüste und
fragte ihn: »Du bist doch ein Meister in Gebet und Meditation, lehre mich so beten, dass für mich auch ein Erfolg
dabei herauskommt.«

Und der Weise sagte zu ihm: »Siehst du den dreckigen
Drahtkorb dort liegen?«

»Ja!«

»Dann nimm ihn und hole damit Wasser.«

Der junge Mann nahm den Drahtkorb, ging einige hundert Meter bis zum Brunnen, schöpfte mit dem Drahtkorb Wasser und machte sich auf den Weg zum Weisen.
Doch bis er dort angekommen war, war alles Wasser aus
dem Drahtkorb herausgelaufen.

Der Weise sagte zu ihm: »Geh und hol Wasser!«

Er machte sich zum zweiten Mal auf den Weg, doch der Erfolg war genau derselbe.

Der Weise fordert ihn zum dritten Mal auf: »Geh und hol Wasser!«

Und das wiederholte sich noch einige Male, bis der junge Mann ungeduldig wurde und dachte: »Das klappt doch nie, ich frage den Weisen einmal.« Und er sagte zu ihm: »Du siehst doch, mit dem Drahtkorb kann man kein Wasser holen, es läuft alles heraus.«

Da sagte der Weise: »Genauso ist es mit dem Gebet. Du hast zwar kein Wasser zu mir gebracht, aber der Drahtkorb, der am Anfang dreckig war, ist jetzt sauber. So verhält es sich auch beim Beten: Wenn du beim Gebet nicht die Erfahrung hast, etwas in den Händen zurückzubehalten, so hat dich doch das Beten und das Meditieren gereinigt.«

47
DAS SCHNITZWERK

Vor vielen hundert Jahren lebte in China ein kunstfreudiger Kaiser.

Eines Tages hatte er den Wunsch, eine geschnitzte Pagode zu erwerben. Er ließ einen jungen Mann kommen, der das Schnitzerhandwerk beherrschte, und gab ihm den Auftrag.

Der Schnitzer machte sich mit Eifer ans Werk. Bei jedem Schnitt, den er in das weiche Holz führte, dachte er an den hohen Lohn, der seiner harrte. Eines Tages würde er ein reicher Mann sein und aller Sorgen ledig. Das Werk wuchs unter seiner Hand und wurde fertig. Er brachte es dem Kaiser. Der betrachtete es von allen Seiten, schüttelte den Kopf und gab es zurück.

Der junge Mann machte sich ein zweites Mal an die Arbeit. Er träumte von dem Ruhm, den er ernten werde, wenn alle Welt erführe, dass der Kaiser eine von seiner Hand geschnitzte Pagode besäße.

Als er nach langen Monaten harter Arbeit fertig war, brachte er das Werk seinem Herrn. Doch dieser nahm es abermals nicht an.

Ein drittes Mal setzte sich der Künstler hin, und wieder verflossen unter seinen fleißigen Händen die Monate. Sein schönster Gedanke war die Gunst der Frauen, die er finden werde. Die Pagode trat aus dem ungeformten Material, und voll Stolz brachte er sie dem Kaiser. Aber sie war nicht gut.

Da ging der junge Mann betrübt nach Hause, nahm sein Messer und setzte sich zum vierten Mal nieder. Er wünschte sich nichts anderes, als die schönste Pagode zustande zu bringen, die jemals ein Mensch geschaffen hat.

Es wurde Winter, und es wurde Frühling und Sommer, und als sich die Tage verkürzten, war die Pagode fertig.

Der Kaiser erhob sich von seinem Thron, als er sie sah, denn sie war herrlich.

Der Künstler aber erhielt alles, was er im letzten Jahr vergessen hatte: Reichtum, Ruhm und Liebe.

DER DAVID DES MICHELANGELO

Die Signora in Florenz hatte einen großen Marmorblock bestellt und einen Bildhauer beauftragt, daraus eine Figur zu meißeln. Entweder war der Bildhauer kein sehr guter Bildhauer oder der Stein war schlecht gebrochen – jedenfalls wusste er mit dem Block nichts anzufangen. Er sah keine Möglichkeit, aus diesem Marmor eine Figur herauszuholen.

So lag der große Block herum. Die Versuche des hilflosen Bildhauers hatten ihm nicht gut getan. Andere Bildhauer kamen, schauten und gingen wieder. Mit diesem Stein war nichts mehr anzufangen.

Eines Tages kam Michelangelo, der berühmte Maler und Bildhauer, in seine Vaterstadt. Ob ihm der Stein aufgefallen war oder ob man ihn darauf aufmerksam gemacht hatte – er begann sich mit ihm zu beschäftigen. Er schaute ihn an. Er schätzte seine Maße. Er maß ihn ab. Er überlegte. Immer deutlicher sah er den David, die Schleuder auf der Schulter, die Kieselsteine in der Hand, wie er gelassen und gelöst zum Kampf gegen Goliat ausschritt.

Die anderen sahen nur einen Steinblock, der unnötig und unbrauchbar im Weg lag. Michelangelo sah bereits den David. Er sah ihn in dem verpfuschten Marmor. Er nahm Hammer und Meißel und begann zu arbeiten.

Die Neunmalklugen lachten. Wussten sie doch, dass aus diesem Block nichts mehr werden könne. Er aber meißelte. Während sie noch redeten, argumentierten und bewiesen, dass er, auch er, scheitern werde, wuchs unter seinen Händen eine der großen Plastiken der Welt.

Eines Tages kamen einige der neugierigsten Engel zusammen und wollten endlich einmal in Gottes geheimstes Schöpfungszimmer schauen, der Raum, in dem Gott die Ideen für neue Menschen erfand. Es war eine sehr große Halle, lichtdurchflutet, voller Musik und allen Sorten von Farben, die man sich nur vorstellen kann.

Die Engel beobachteten Gott für eine Weile und waren sehr beeindruckt von dem, was sie sahen. Gott machte nämlich jeden Menschen in allerfeinster Detailarbeit, jeden Einzelnen ganz besonders und wunderschön. Mit roten Haaren, schwarzen oder blonden, mit Locken, mit kaffeebrauner Haut oder rosafarben, mit blauen, braunen oder grünen Augen. Nicht ein Mensch sah genauso aus wie ein anderer. Jeder war einmalig. Und immer, wenn ein neuer Mensch fertig war, freute sich Gott sehr, lächelte und küsste den neuen Menschen.

Dann verschwand er hinter einer Wand, um nach einer Weile wieder aufzutauchen und weiterzumachen.

Jetzt wurden die Engel erst richtig neugierig und fragten sich: »Was ist denn hinter dieser Wand versteckt?« Aber sie trauten sich nicht, Gott zu stören und warteten ab.

Plötzlich drehte sich Gott um, schaute sie an und meinte: »Irgendwelche Fragen?«

Ein Engel war mutig genug und stellte eine erste Frage: »Die Menschen sind alle so verschieden. Welche Sorte hast du denn am allerliebsten? Welche Hautfarbe, welchen Typ?«

Und Gott antwortete: »Was du beobachtest, ist sehr oberflächlich. Du musst tiefer schauen. Äußerlich mögen sie alle unterschiedlich aussehen, aber innen sind sie alle gleich. Innen haben alle Menschen ein Herz.« Und Gott wandte sich wieder seiner Arbeit, seiner Lieblingsbeschäftigung zu.

Da fragte ein kleiner Engel noch ganz schnell: »Und was ist hinter der Wand versteckt? Was machst du denn da immer, bevor du mit einem neuen Menschen beginnst?« Und Gott drehte sich um, lächelte und sagte: »Hinter der Wand hängt ein Spiegel! Ich sehe eine Zeitlang still in den Spiegel, bevor ich einen weiteren Menschen schaffe *nach meinem Bild*.«

50
MUT ZUR LÜCKE

Ein Schüler fragte den Meister, wie er meditieren solle. Nach einer Weile antwortete der Meister: »Wenn ein vergangener Gedanken aufgehört hat und ein zukünftiger Gedanke noch nicht entstanden ist, gibt es da nicht eine Lücke?«

»Ja«, sagte der Schüler.

»Nun gut, verlängere sie! Das ist Meditation.«

Tief unten am Grunde der Eider, des Grenzflusses von Schleswig-Holstein, lebt eine dunkle, beinahe unscheinbare Muschel. Sie macht kaum auf sich aufmerksam. Zufrieden ist sie, wenn sie still daliegt und lauscht. Es gibt so viel zu bestaunen.

Am besten gefällt es der Muschel, wenn der Vollmond sich im Wasser spiegelt. Dann leuchtet das Mondlicht sogar hinab auf den Grund des Flusses. Bis hin zu ihr. Die Muschel liegt ganz still da und nimmt das Licht in ihr Inneres auf, bis hinein in ihr Herz.

Eines Tages kommt ein stolzer Fisch zu der Muschel geschwommen. »Sieh mal an, eine dunkle Muschel«, sagt der Fisch. »Bald hätte ich dich übersehen, du kleines, unscheinbares Muscheldilng. »Hat dein Leben eigentlich einen Sinn?«, fragt der stolze Fisch und rümpft die Nase. Er schwimmt vor der Muschel hin und her, damit sie ihn von allen Seiten bewundern kann.

»Wie schön doch der Fisch ist«, denkt die Muschel. Aber es fällt ihr nicht ein, neidisch zu sein. Ihr gefällt es, zu lauschen, zu schauen und alles Schöne tief in sich hineinzunehmen. So ist sie mit sich und der Welt zufrieden.

Eines Abends, die Sonne wirft gerade noch ihre letzten Strahlen auf das Wasser: Zwischen den kleinen Tröpfchen schimmert ein Regenbogen hindurch. An diesem Abend kommt der Fisch nach langer Zeit wieder einmal zur Muschel geschwommen und fragt: »Was machst du da?«

»Ich bin still«, antwortet die Muschel. »Wenn man still ist, beginnen die Dinge zu reden. Hörst du das Wasser, die Pflanzen, die Steine? Siehst du den Himmel, die Sterne, den gelben Mond?«

Der geschäftige Fisch versteht davon nichts. Verächtlich dreht er sich um und schwimmt kopfschüttelnd davon.

Er ahnt noch nicht, dass dies ihr letztes Gespräch sein soll. Denn in dieser Nacht fährt ein Fischer über die Eider. Eine ganze Weile lässt er seinen alten Holzkahn leise auf dem Wasser schaukeln. Er sitzt auf seiner Bank und lauscht auf das Plätschern des Wassers. Am Ufer spritzen noch ein paar übermütige Vögel im Wasser, und über ihm schiebt sich der Mond langsam am Horizont entlang.

Erst weit nach Mitternacht erhebt sich der Mann. Ganz behutsam stellt er sich aufrecht in sein Boot, und mit einer weit ausholenden Handbewegung wirft er seine Netze hinaus auf das Wasser. Er wartet ab, bis die kleinen Schwimmer sich nur noch leise schwankend im Wasser bewegen. Dann setzt er sich wieder und wartet auf den Morgen.

Als die ersten Sonnenstrahlen über den Fluss streichen, zieht der Fischer prüfend an den Netzen: Jetzt sind sie voll und schwer. Nach und nach zieht er die Netze wieder in sein Boot. Unter dem Fang sind auch unsere Muschel und der stolze Fisch. Der Fischer beginnt, sorgfältig seine Netze zu leeren. Fisch kommt zu Fisch, einer gleicht dem anderen. Unser stolzer Fisch ist mit einem Mal sehr traurig: Nun ist er nichts Besonderes mehr. Heute noch wird der Fischer ihn zum Markt bringen und verkaufen.

Der Fischer indes holt alles heraus, was ihm heute ins Netz gegangen ist. Als seine feuchten Finger die Muschel berühren, zieht er sie behutsam an sich. Unwillkürlich spürt er: In dieser Muschel ist ein Schatz verborgen. Kaum lässt er diesen Gedanken zu, da beginnt die Muschel sich ganz sachte zu öffnen. Nachdem der Fischer ihr dabei eine Weile zugeschaut hat, blickt er gespannt in die Muschel hinein und staunt. Noch nie hat er etwas so Wunderbares gesehen. Mitten in der Muschel liegt eine leuchtende Perle. Sie funkelt im Strahl der Morgensonne und ist außergewöhnlich kostbar und schön. Alles, was die Muschel tief unten auf dem Grund des Flusses in Ruhe und Stille erlauscht und geschaut hat, ist tief in ihr Herz aufgenommen worden. Dabei ist dies alles zu einem wertvollen Schatz geworden: zu einer edlen, einzigartigen Perle.

Der Fischer lässt alsbald alle seine Fische liegen, nimmt die Muschel vorsichtig in die Hand und setzt sich ans Ufer. Beinahe ehrfürchtig schaut er die Perle an, streichelt sie mit seinen Fingerkuppen, blickt in die Ferne und beginnt zu träumen. Dabei strahlt der Fischer über das ganze Gesicht. Seine Augen glänzen, er ist sehr glücklich.

Nur der kann seinem Leben Richtung geben, der Stille hält, warten und zuhören kann und an seinem Schatz festhält.

52
AUS DER RUHE ERWÄCHST KRAFT

Rabbi Schmelke pflegte, damit sein Lernen nicht allzu lange Unterbrechung erleide, nicht anders als sitzend zu schlafen, den Kopf auf dem Arm und zwischen den Fingern ein brennendes Licht, das ihn wecken sollte, sowie die Flamme seine Hand berührte.

Als Rabbi Elimelech ihn besuchte und die noch einge-
sperrte Macht seiner Heiligkeit erkannte, bereitete er
ihm sorgsam ein Ruhebett und bewog ihn mit vieler
Überredung, sich für ein Weilchen darauf auszustrecken.
Dann schloss und verhüllte er das Fenster. Rabbi
Schmelke erwachte erst am hellen Morgen. Er merkte,
wie lange er geschlafen hatte, aber es reute ihn nicht,
denn er empfing eine ungekannte, sonnenhafte Klar-
heit.

Er ging ins Bethaus und betete der Gemeinde vor, wie es
sein Brauch war. Der Gemeinde aber erschien es, als
hätte sie ihn noch nie gehört, so bezwang und befreite
alle die Macht seiner Heiligkeit. Als er den Gesang vom
Schilfmeer sprach, mussten sie den Saum ihrer Kaftane
raffen, dass die rechts und links sich bäumenden Wellen
sie nicht netzten.

Später sagte Schmelke zu Elimelech: »Jetzt erst habe ich
erfahren, dass man Gott auch mit dem Schlafe dienen
kann.«

53

ZEIT ZUR REIFE

Ein Kaufmann wollte seinen Sohn auf eine Schule schicken, aber als er den Stundenplan sah, schüttelte er den
Kopf.

»Muss mein Sohn das alles lernen?«, fragte er den Direk-
tor. »Können Sie es nicht kürzer machen? Er soll so schnell
wie möglich fertig werden!«

»Das kommt ganz darauf an, was er werden will«, antwortete dieser. »Wenn Gott eine Eiche machen will,

nimmt er sich zwanzig Jahre Zeit. Für einen Kürbis braucht er nur zwei Monate.«

54
LOSLASSEN KÖNNEN

Ein Geschäftsmann litt seit einiger Zeit an verschiedenen Beschwerden, doch konnte keine Medizin seine Unpässlichkeit lindern. Sein Hausarzt überwies ihn zu einem Facharzt für psychosomatische Erkrankungen. Nach einer gründlichen Untersuchung erzählte der Arzt folgende Geschichte:

»Eine Möwe hatte einen prächtigen Fisch gefangen, und sofort stürzte sich mit lautem Geschrei der ganze Möwenschwarm auf sie. Die Möwen hackten auf sie ein, verletzten sie an verschiedenen Stellen und versuchten mit aller Gewalt, ihr den dicken Fisch wegzuschnappen. Sie ließen nicht von ihr ab, ganz gleich, wohin sie sich wendete. Und noch immer kamen andere Möwen hinzu, bis schließlich die Übermacht der Widersacher zu groß wurde. Da ließ die Möwe den Fisch fallen.

Sofort fing ihn eine andere Möwe auf, und alle Peiniger ließen von der ersten Möwe ab und stürzten sich auf die Möwe mit dem Fisch.

Die erste Möwe, nun endlich wieder unbehelligt, ruhte sich auf dem Ast eines Baumes friedlich aus.

Ein Fischer, der das Geschehen beobachtet hatte, dachte bei sich:›Man muss loslassen können, wenn man in Ruhe und in Frieden leben will.‹«

DIE AMEISE UND DAS WEIZENKORN

Ein Weizenkorn lag auf dem weiten Feld, ganz allein. Es war von der Ernte übrig geblieben und wartete nun auf den Regen, um wieder in die bergende Erde zurückzukehren.

Eine Ameise entdeckte das Korn, lud es auf und schleppte es mit großer Anstrengung zur weit entfernten Behausung.

Die Ameise ging und ging, das Weizenkorn schien immer schwerer zu werden auf den müden Schultern der kleinen Ameise.

»Warum lässt du mich nicht liegen?«, sprach das Korn.

Die Ameise antwortete: »Wenn ich dich liegen lasse, werden wir keine Vorräte für diesen Winter haben. Wir sind viele, wir Ameisen, und jede von uns muss in die Vorratskammer so viel bringen, wie sie nur findet.«

Aber ich bin nicht geschaffen, um gegessen zu werden«, sagte das Weizenkorn darauf. »Ich bin ein Same. In mir ist viel Leben. Aus mir soll eine Pflanze wachsen. Höre, liebe Ameise, machen wir einen Vertrag!«

Die Ameise war zufrieden, dass sie ein wenig ausruhen konnte. Sie legte das Korn ab und fragte: »Was für ein Vertrag soll das sein?«

»Wenn du mich auf meinem Feld liegen lässt«, sagte das Korn, »und mich nicht in deine Behausung trägst, werde ich dir in einem Jahr hundert Körner meiner Art zurückgeben.«

Die Ameise starrte ungläubig.

»Ja, liebe Ameise, glaub, was ich dir sage! Wenn du heute auf mich verzichtest, werde ich dir hundert Weizenkörner für dein Heim schenken.«

Die Ameise dachte: Hundert Körner im Tausch gegen ein einziges – das ist ja ein Wunder.

Sie fragte das Weizenkorn: »Und wie wirst du das machen?«

»Es ist ein Geheimnis«, antwortete das Korn. »Das Geheimnis des Lebens. Heb eine kleine Grube aus, leg mich hinein, verbirg mich darin und komm in einem Jahr wieder zurück!«

Ein Jahr später kehrte die Ameise wieder zurück. Das Weizenkorn hatte sein Versprechen gehalten: Eine große Ähre war gewachsen – mit vielen Körnern.

Wunder
aus der Stille

»Und du weißt wirklich nicht, was das ist, ein Mondharfenlied?«, fragte das Kind erstaunt. Der alte Mann schüttelte ratlos den Kopf. Das Kind dachte lange darüber nach, warum ein Mensch so viel länger auf der Welt war und dennoch keine Ahnung hatte von etwas so Wichtigem.

»Es ist so«, begann es vorsichtig, »wenn du spät abends am Fenster stehst und in den Sternenhimmel hinaufschaust, dann wird es stiller und stiller. Und wenn es ganz still geworden ist, auch in deinem Herzen, dann kannst du auf einmal das Mondharfenlied hören. Es kann dich sehr glücklich machen.«

An diesem Abend stand der alte Mann lange am Fenster, richtete seinen Blick zum Himmel, aber das Mondharfenlied hörte er nicht. Auch am folgenden Abend stand er dort. Nichts geschah. Am dritten Abend wollte er fast schon aufgeben, aber er versuchte es noch einmal. Da musste er plötzlich daran denken, dass er vor langen Jahren als kleiner Junge genauso dagestanden und in die Nacht hinausgeschaut hatte. Und auf einmal, während er die Mondsichel betrachtete, hörte er einen leisen, unendlich schönen Klang. Das Mondharfenlied. Er wusste es sofort. Und er begriff im gleichen Augenblick, warum die meisten Menschen nichts hörten, wenn sie den Nachthimmel anschauten, und warum auch er nichts gehört hatte bislang. Das Geheimnis ist dies, dachte der alte Mann: Nur wer sich an seine Kinderaugen erinnert, der kann das Lied hören. Er war auf einmal sehr glücklich.

Wenn du abends im Dunkeln an seinem Haus vorbei-
gehst, dann kannst du ihn vielleicht hinter der Fenster-
scheibe erkennen. Du weißt, dass er dann das Mondharfenlied hört.

57

DIE STILLE HEISST BEI UNS »QUARRTSILUNI«

Majuaq war eine greise Eskimofrau. Knud Rasmussen,
der Forscher, hatte sie gebeten, aus der Geschichte ihres
Stammes zu erzählen. Die alte Majuaq schüttelte den
Kopf und sagte: »Da muss ich erst nachdenken, denn wir
Alten haben einen Brauch, der Quarrtsiluni heißt.«
»Was ist Quarrtsiluni?«
»Das werde ich dir jetzt erzählen, aber mehr bekommst
du heute auch nicht zu hören.«
Und Majuaq erzählte mit großen Handbewegungen: »In
alten Tagen feierten wir jeden Herbst große Feste zu Eh-
ren der Seele des Wales. Diese Feste mussten stets mit
neuen Liedern eröffnet werden; alte Lieder durften nie
gesungen werden, wenn Männer und Frauen tanzten,
um den großen Fangtieren zu huldigen.
Und da hatten wir den Brauch, dass in jener Zeit, in der
wir unsere Worte zu diesen Hymnen suchten, alle Lam-
pen ausgelöscht werden mussten. Es sollte dunkel und
still im Festhaus sein.
Nichts durfte stören, nichts zerstreuen. In tiefem Schweigen saßen sie in der Dunkelheit und dachten nach, alle
Männer und Frauen, sowohl die alten wie die jungen, ja
sogar die Kinder, wenn sie nur eben so groß waren, dass
sie sprechen konnten.

Diese Stille war es, die wir Quarrtsiluni nannten. Sie bedeutet, dass man auf etwas wartet, das aufbrechen soll. Denn unsere Vorväter hatten den Glauben, dass die Gesänge in der Stille geboren werden. Dann entstehen sie im Gemüt der Menschen und steigen herauf wie Blasen aus der Tiefe des Meeres, die Luft suchen, um aufzubrechen. So entstehen die heiligen Gesänge.«

58
UND ALLES VOLLER WUNDER

Papst Johannes Paul I. berichtet von zwei Bergsteigern:
Zwei Bergsteiger klettern auf einen Berg: der eine, weil es so Mode ist, der andere aus Leidenschaft.
Zurückgekehrt sagt der erste: »Was ich gesehen habe? O, nichts Besonderes: ein paar Seile, Bäume, Wasser, Wiesen, einen Haufen Himmel – sonst nichts«, und er gähnt.
Der zweite sagt: »Was ich gesehen habe, das werde ich nie mehr vergessen: Felsen und wieder Felsen, Wiesen und Wasser, die Sonne und das Blau des Himmels und alles voller Wunder.«
Und während er spricht, sieht er so aus, als ob so große Wunder immer noch aus seinem Gesicht und seinem Herzen leuchten.

59
VERWEILEN, UM ZU ERKENNEN

Eine Maus und eine Schnecke verabredeten sich zu einem Wettlauf.

Natürlich war die Maus schon lange vor der Schnecke am Ziel.

»Nun, es wird wohl Abend werden, bis du auch hier ankommst«, spottete die Maus.

»Lach du nur«, erwiderte die Schnecke. »Du hattest, als du gelaufen bist, nur blind dein Ziel vor Augen. Ich hingegen freue mich an den Gänseblümchen, dem Mohn, den Bienen und den Schmetterlingen und dem Kitzeln des Grases unter meinen Sohlen. Nun sag, was hast *du* unterwegs erlebt?«

60
WEISHEIT ERLANGEN

In dem kleinen Haus am Stadtrand wohnte eine Witwe mit ihrem Sohn. Sie führten ein einfaches Leben. Tagaus, tagein kümmerte sich die alte Frau um ihren Garten und um ihre Hühner, wusch die Wäsche und versorgte das Haus.

Eines Tages sagte ihr Sohn: »Ich will in die Berge ziehen und in ein Kloster eintreten, um bei einem berühmten Meister Weisheit und Erleuchtung zu erlangen.«

Schweren Herzens nahm sie Abschied von ihrem Sohn. Sie wusste, dass sie ihn nicht zurückhalten durfte, denn er hatte noch nicht viel vom Leben gelernt. Sie packte sein kleines Bündel, wünschte ihm Glück auf seinem Weg und bat ihn, seine alte Mutter nicht zu vergessen.

Einige Tage war der junge Mann schon auf der Wanderschaft, als er an einem späten Abend zur Hütte eines Eremiten kam und ihn um ein Nachtlager bat. Im Schein eines spärlichen Feuerchens teilten sie eine magere Suppe, und der Einsiedler fragte ihn nach seinem Ziel.

»Ich will zu einem berühmten Meister in die Lehre gehen, um Weisheit und Erleuchtung zu erlangen. Deswegen bin ich zu einem Kloster in den Bergen unterwegs.«

»Du hast noch einen sehr weiten und gefahrvollen Weg vor dir. Was lässt dich hoffen, in den Bergen deinen Meister zu finden und Erleuchtung durch jahrelanges Rezitieren von heiligen Versen? Kehre um, Erleuchtung kannst du bei einem erlangen, der dir begegnet, eine Laterne hoch hält und die Schuhe verkehrt herum an den Füßen trägt.«

Die Worte des Einsiedlers verunsicherten den Wanderer, doch da er sich geschworen hatte, den Worten der Weisen zu folgen, machte er sich am nächsten Morgen zurück auf den Weg in seine Heimatstadt. Als es zu dämmern begann, hielt er Ausschau nach Lampenträgern und schaute ihnen genau auf die Füße. Aber er konnte nichts Außergewöhnliches feststellen, an diesem Abend nicht und auch nicht in den folgenden Nächten.

Und wieder war es Nacht geworden, als er seine Heimatstadt betrat. Kein Mensch begegnete ihm, alle Einwohner schienen längst zu schlafen. Erst pochte er zaghaft an seine Haustüre, und in der Stille der Nacht schien ihm das schon ein ungebührlicher Lärm zu sein. Doch da sich im Hause nichts rührte, klopfte er lauter und eine plötzliche Angst um seine alte Mutter erfasste ihn. Er klopfte noch lauter und rief: »Mutter, ich bin's, dein Sohn! Mache mir auf!«

Da endlich vernahm er eilig schlurfende Schritte, der Schlüssel drehte sich im Schloss, die Türe ging auf: Vor ihm stand seine Mutter, er sah ihre glücklichen Augen im Schein der Laterne in ihrer Hand – und die Hausschuhe, in die sie in aller Eile gestiegen war, verkehrt herum an ihren Füßen.

61
DIE VERSAMMLUNG DER ELEMENTE

Auf unserer Erde gibt es viel Schönes, viel Seltsames, viel Gewaltiges, aber auch vieles, was uns Angst macht. Aber alles hat seine Bestimmung und seinen Sinn. So hat es sich seit Urzeiten bewährt. Nur kennen die Wenigsten die Zusammenhänge oder wissen, was im Verborgenen passiert, tief in unserer Erde, hoch in den Lüften, weit draußen im Meer oder in den geheimnisvollen Kratern und Bergen, die es überall auf unserer Erde gibt.

Von Zeit zu Zeit findet an einem verborgenen Ort eine geheimnisvolle Versammlung der Elemente statt. Als Zeichen, dass es wieder einmal so weit ist, erscheint am Himmel ein riesiger, leuchtender Regenbogen. Das ist die Einladung an die Erdwesen, die Luftwesen, die Wasser- und Feuerwesen, sich an dem geheimen Versammlungsort einzufinden.

Hier nun wird verhandelt, diskutiert und beschlossen. Es werden Probleme angesprochen, Lösungen und Kompromisse gesucht, aber es wird auch gestritten, und es werden immer wieder die Kräfte gemessen. Die alte

Frage, wer denn nun das wichtigste und stärkste Element ist, taucht jedes Mal neu auf. Und immer wieder passiert es dann, dass sich die Elemente hervortun, um zu zeigen, was sie zu bieten haben.

Die Wasserwesen sagten: »Wir sind Nahrung und Erfrischung für alle Lebewesen. Aus uns kommt der Ursprung des Lebens. Doch manchmal, wenn wir uns aufregen oder uns ärgern, dann fließen wir zusammen und laufen über. Überschwemmungen, Hagel und Wolkenbrüche sind die Folge. Manchmal sind wir aber auch beleidigt und traurig, dann ziehen wir uns ganz zurück, dann herrscht Dürre und Trockenheit. Tiere, Menschen und Pflanzen leiden dann großen Durst.«

»Und wir!«, riefen die Feuerwesen, »wir bringen Wärme und Licht in die Welt. Aber auch wir verfügen über verheerende Kräfte. Geht man unachtsam mit uns um, so können Dinge und Lebewesen verbrennen. Wenn wir aus den Vulkanen herausschießen, dann ergießen wir unsere glühende Lava über die Erde und dunkler Rauch färbt den Himmel schwarz. Und doch wäre Leben ohne Licht und Wärme nicht möglich, alles wäre kalt und dunkel.«

»Ha!«, riefen da die Luftwesen, »was wäre denn die Erde ohne uns? Alles würde ersticken. Kein Lebewesen könnte atmen. Aber auch bei uns staut sich so mancher Ärger auf, dann brauen wir uns zusammen und toben uns aus. Wirbelstürme, Orkane und Sturmfluten sind die Folge. Bäume brechen, Häuser werden abgedeckt. Wir können aber auch zärtlich und sanft über die Erde streicheln. Pflanzen und Lebewesen erfrischen. Man sieht uns zwar nicht, aber man kann uns spüren.«

Dann richteten sich alle Augen auf die Erdwesen, doch auch die standen den anderen Elementen in nichts nach. »Auf uns wächst alles, in uns und auf uns gibt es Leben ohne Ende. In uns verbergen sich Schätze, wie Kohle, Gold, Edelsteine und Erz. Wir tragen alles, geben Halt und schützen. Doch auch wir lehnen uns manchmal auf, reiben uns aneinander, prallen aufeinander und dann entstehen große Erdbeben und Erdrutsche, die ganze Dörfer und Städte zerstören können. Und doch nennt man uns auch ›Mutter Erde‹.«

Und wie immer war jeder vom anderen sehr beeindruckt und hatte vor der Stärke und Wichtigkeit des anderen großen Respekt. Und wie immer kamen sie zu dem Schluss, dass das eine Element ohne das andere nicht sein kann, denn würde nur eines der vier Elemente fehlen, würde das den Tod aller anderen bedeuten.

So wurden sie sich auch immer wieder einig, dass jeder den anderen brauchte. Nur wenn alle vier Elemente zusammenhalten und sich gegenseitig helfen, ist Leben überhaupt erst möglich.

Ohne Licht, Wärme und Wasser könnte die Erde nichts auf sich wachsen lassen. So mancher starke Regen hat schon ein Feuer gelöscht. Und manchmal muss Altes verbrennen, damit Neues entstehen kann. Und ein Sturm hat schon oft die Luft bereinigt, Hitze und Staub vertrieben, und das Leben kann neu durchatmen.

Ohne die Erde würde alles ins Bodenlose fallen, nichts Neues könnte durchbrechen.

Der große Regenbogen verblasste, die Versammlung war zu Ende.

Die Elemente zogen sich zurück, die Erdwesen krochen tief in die Erde, die Wasserwesen schwammen zurück in die Meere, Flüsse und Seen. Die Feuerwesen züngelten zurück durch die Vulkane bis tief hinein zum Mittelpunkt der Erde, wo es brodelte und kochte. Manche zogen sich auch auf den großen Feuerball, der sich Sonne nannte, zurück. Und die Luftwesen verteilten sich von den Wolken über die Städte bis in die Erde hinein. Denn die Luftwesen waren überall zu Hause.

Ruhe und Frieden lag über der Welt, weil jeder seinen Platz gefunden hatte – in dem Bewusstsein, ein wichtiger Teil eines wunderbaren und geheimnisvollen Ganzen zu sein.

62
WORAUS DAS LIED DER LIEBE WÄCHST

Einmal in der Hohen Sierra beobachtete ich, wie mein indianischer Träger sich jeden Tag zu einer bestimmten Stunde absonderte, um mit seinen Füßen einige Schritte rhythmisch zu tanzen und dabei leise zu singen.

Auf meine Frage sagte er, es sei ein Lied, das er gemacht habe, damit seine Frau und er es singen könnten, wenn sie voneinander getrennt seien.

Das Lied hatte keine Worte, es war nur eine Melodie. Egal, wo sich die beiden befanden: Wenn die Sonne einen Bogenschuss oberhalb des Horizontes stand, wandte sich jeder von ihnen in die Richtung, in der er den anderen vermutete, und sie sangen zusammen.

63
DAS GEBET DER FRÖSCHE

Als Bruder Bruno eines Nachts betete, fühlte er sich durch das Quaken eines Ochsenfrosches gestört. Er versuchte, es nicht zu beachten, doch umsonst. Wütend schrie er aus dem Fenster: »Ruhe! Ich bete grade.«
Bruder Bruno war ein Heiliger, und so wurde sein Befehl sofort befolgt. Alle Kreatur verstummte, damit eine dem Gebet dienliche Stille einkehren konnte.
Aber nun drängte sich ein anderer Laut in Bruder Brunos Gebet – eine innere Stimme, die ihm sagte: »Vielleicht gefällt Gott das Quaken dieses Frosches genauso wie der Gesang deiner Psalmen.«
»Was kann Gott am Quaken eines Frosches gefallen?«, erwiderte Bruno spöttisch.
Doch die Stimme gab nicht nach: »Warum, glaubst du, hat Gott diesen Laut geschaffen?«
Bruno beschloss, eben dies herauszufinden. Er beugte sich aus dem Fenster und befahl: »Sing!«
Das bedächtige Gequake des Frosches erfüllte wieder die Luft und wurde von allen Fröschen der Nachbarschaft vielstimmig aufgenommen.
Und als Bruder Bruno die Laute auf sich wirken ließ, klangen die Stimmen, da er sich nicht länger gegen sie sträubte, durchaus nicht mehr schrill, sondern verschönerten tatsächlich die nächtliche Stille.
Diese Entdeckung brachte Bruder Brunos Herz in Einklang mit dem Universum, und er verstand zum ersten Mal in seinem Leben, was Beten heißt.

Ein Europäer wollte von einem chinesischen Weisen wissen, welches der wesentliche Unterschied sei zwischen einem westlichen und einem östlichen Menschen. Der Chinese antwortete: »Ihr Abendländer lasst euch ständig hetzen und nehmt euch keine Zeit zu leben.«

Als der Fremde dies näher erklärt haben wollte, meinte der Weise: »Überprüfe einmal deinen Tageslauf. Wenn du am Morgen aufwachst, planst und berechnest du schon. Statt in Ruhe zu frühstücken, nimmst du deine erste Mahlzeit auf der Fahrt ins Geschäft ein. Während du dort hinfährst, bist du in Gedanken schon bei deiner Arbeit. Und so manches kannst du kaum erwarten. Am Morgen freust du dich auf den Feierabend, am Abend wartest du auf den folgenden Tag, zu Beginn der Woche sehnst du dich nach dem Wochenende und am Sonntag beschäftigst du dich mit der kommenden Arbeitswoche.«

»Und wie macht *du* es?«, fragte der Weiße den Weisen.

»Wenn ich aufwache am Morgen, bin ich dankbar, dass mir ein neuer Tag geschenkt ist. Wenn ich mich an den Tisch setze, genieße ich den Geschmack der Speisen. Wenn ich mich auf den Weg mache, betrachte ich neugierig, was mir begegnet. Mit meinem Ziel beschäftige ich mich erst, wenn ich dort angelangt bin. Ich lebe in der Gegenwart, ohne mich allzu sehr darum zu sorgen, was gestern war und was morgen sein wird. Dies ist das Geheimnis der Ruhe und inneren Gelassenheit, das ihr Europäer an uns Asiaten bewundert und doch nie begreift.«

Der Sternenspur folgen

Zwei Dinge sind mir aus meiner Kindheit deutlich in Erinnerung. Die Liebe zu meiner Großmutter und die Furcht vor der Dunkelheit.

Großmutter wohnte nur einen Steinwurf von uns entfernt. Der kürzeste Weg führte durch unseren Garten, am Nachbargrundstück entlang. Dann stand ich schon an dem kleinen Tor zu Großmutters Anwesen. Diesen Weg bin ich unzählige Male gegangen, gehüpft, gerobbt und getrödelt.

Eines Tages hatte ich mich bei Großmutter zu lange aufgehalten. Es war schon dunkel und mir war ziemlich mulmig. Eilig rannte ich los. Doch plötzlich bewegte sich schemenhaft etwas in der Dunkelheit. Äste knackten, Schritte knirschten auf dem Kies. Die Angst sprang mich an wie ein Tiger. Blitzschnell machte ich kehrt und rannte zu Großmutter zurück. Liebevoll schloss sie mich in die Arme und wenig später gingen wir gemeinsam den Weg zurück.

In der Stille der Nacht fasste sie mich an der Hand und sagte: »Siehst du die Sterne. Schau genau hin. Du musst dich nicht fürchten, denn sie sehen dich und zwinkern dir zu. Sie beobachten dich. Und wenn du zu ihnen hinaufschaust, weißt du, dass du nicht allein bist. Am besten suchst du dir einen persönlichen Stern aus. Sozusagen als Freund. Einer, der dir besonders gut gefällt.«

Ich war begeistert. »Hallo, ihr Sterne«, rief ich forsch in die Dunkelheit. »Ich kann euch sehen. Schön, dass ihr da seid.«

Dann suchte ich mir weit hinten einen winzigen Stern aus, einen, der so klein war wie ich. Ich ließ Großmutters Hand los und ging den Rest des Weges allein. Es war ein herrlicher Gedanke, dort oben so viele Verbündete zu haben, die mir freundlich zuzwinkerten.

Kaum drei Monate später kam die Ernüchterung.

In der Schule sprachen wir über Sonne, Mond und Sterne. »Ist euch schon einmal aufgefallen«, fragte der Lehrer, »dass die Sterne blitzen und funkeln?«

»Ja, sie zwinkern uns zu«, meldete ich mich.

Der Lehrer lachte. »Nein, nein. Das Flimmern hängt mit der Atmosphäre und den Wärmeunterschieden in der Luft zusammen.«

Ich war tief enttäuscht und persönlich gekränkt. Also mochten mich die Sterne gar nicht und blinzelten mir auch nicht zu. Gott sei Dank hatte ich wenigstens meinen kleinen Stern für mich. Doch der nächste Schock ließ nicht lange auf sich warten.

Derselbe Lehrer erzählte uns wenig später, dass das Licht 300 000 km in der Sekunde zurücklegt. »Viele Sterne sind unvorstellbar weit entfernt. Ihr Licht braucht oft viele Jahre, um zu uns zu kommen. Es kann also sein, dass ihr am Himmel das Licht eines Sterns seht, der inzwischen bereits erloschen ist.«

Ich konnte es nicht fassen. Ja war denn alles, was mir Großmutter erzählt hatte, gelogen? Ich war bitter enttäuscht. Gleichzeitig kroch eine wilde Entschlossenheit in mir hoch. Ich würde mir nie mehr ein X für ein U vormachen lassen. Ich würde von nun an der Sache selbst auf den Grund gehen.

Ich las und las und mit den Jahren lernte ich vieles über die Sterne. Ich kannte bald die Sternbilder der einzelnen

Monate, ich lernte das Wichtigste über die Kometen und was der Perseidenstrom bedeutete. Jahre später vertiefte ich mich in die Theorien des Urknalls und der schwarzen Löcher. Oh ja, ich wusste jetzt vieles. Aber je tiefer ich in diese Wissenschaft eintauchte, desto unbefriedigter wurde ich. Es gab noch so viel Unbekanntes und Ungereimtes.

Das änderte sich mit einem Schlag, als ein strahlender Stern an meinem Himmel aufging. *Eva* hieß sie und brachte mein gesamtes Welt- und Sternenbild gründlich durcheinander und aus dem Gleichgewicht. Die Beobachtung der maximalen Helligkeit und Aufleuchthöhe bezog sich nun auf die zwei schönsten Augen, die ich je gesehen hatte. Alles bekam eine andere Bedeutung.

Ich fragte: »Wo finde ich einen neuen unbekannten Stern?«

Sie sagte: »Jeder hat seinen Stern – seinen inneren Stern – dem er folgen sollte.«

Für einen Skeptiker wie mich war ihre Anwesenheit wie das Erscheinen eines Wesens von einem anderen Stern.

Eines Abends machten wir einen Spaziergang, fernab von den Lichtern und dem Lärm der Stadt. Es war wunderschön und mit einem Mal begriff ich, was sie meinte: »Es ist wie ein Hauch von Ewigkeit, den Sternenhimmel zu betrachten. Es macht demütig, wenn man als kleiner Mensch vor der Allmacht dieser Schöpfung steht. Ich friere immer etwas, wenn ich denke, dass die Menschen vor Tausenden von Jahren schon zu diesem Himmel aufgeblickt haben.«

Ich nickte andächtig. »Und alle unsere Nachfahren werden dieses prächtige Szenario ebenso bestaunen können.«

»Du meinst ...?«

»Ich meine, dass unsere gemeinsamen Kinder, Enkel und Urenkel noch genauso viel Freude an den Sternen haben werden wie wir beide. Oder willst du keine Kinder?«

Eva lachte. »Da eine Sternschnuppe«, rief sie.

»Dann musst du dir etwas wünschen.«

Sie lächelte und drückte meine Hand: »Aber ob es in Erfüllung geht, das steht noch in den Sternen.«

66
ZWEI STERNE ÜBER DEM BERG

Es war einmal ein sehr strenger Mann, über dessen Lippen in der Zeit des Fastens weder Speise noch Trank kamen, solange die Sonne am Himmel stand. Ein Zeichen der himmlischen Anerkennung für seine Entbehrungen schien ihm ein heller Stern zu sein, der für alle sichtbar auch bei Tageslicht über einem nahen Berggipfel erstrahlte, obgleich niemand wusste, wie der Stern dorthin gekommen war.

Eines Tages beschloss der Mann, auf den Berg zu steigen. Ein kleines Mädchen aus dem Dorf wollte ihn unbedingt begleiten. Der Tag war warm, und bald wurden die beiden sehr durstig. Er drängte das Kind zu trinken, aber es wollte nicht, wenn er nicht auch tränke. Der arme Mann war in Verlegenheit. Er hasste es, sein Fasten zu brechen, aber er hasste es auch, das Kind unter dem Durst leiden zu sehen. Schließlich trank er und das Kind mit ihm.

Lange Zeit wagte er nicht, zum Himmel emporzusehen, denn er fürchtete, der Stern sei verschwunden.

Man stelle sich deshalb sein Erstaunen vor, als er schließlich wagte aufzusehen und *zwei* leuchtende Sterne über dem Berg sah.

67

DIE »KERZENSTUNDE«

Bei uns zu Hause gab es den beliebten Brauch, sich im Advent abends um den Adventskranz zu setzen. Wir hörten gerne einer Geschichte zu.

Manchmal forderte Mutter uns auf, eine »Kerzenstunde« zu feiern. Das Besondere daran war, fünf oder zehn Minuten ganz still zu sein und in das Licht der Kerze(n) zu schauen. Aber wir saßen dann nicht gelangweilt herum, sondern wir sammelten Freuden. Das heißt: Wir sollten dabei an das denken, was uns heute Freude gemacht hatte, aber auch, worauf wir uns freuten – und das nahm vor Weihnachten natürlich den größten Raum ein.

So bewegten wir in unseren Herzen leuchtende Gedanken.

Mutter lächelte dann und sagte auch schon mal: Das ist wie früher, wenn wir Strohhalme in die Krippe legten, damit das Christkind nicht so hart liegen brauchte. Jetzt haben wir Stille gesammelt, damit es genug Ruhe hat zum Schlafen.

Und dann sangen wir am Ende der stillen Zeit noch ein leises Lied.

Der Himmel schickte drei Engel in Menschengestalt auf die Erde, um alles zu entfernen, was im Advent schon früh den Blick auf die Geburt des Christkindes verstellen könnte.

Sie begannen schon im September und räumten den Spekulatius aus den Regalen; im Oktober die Schoko-Nikoläuse. Mitte November verschwanden die Lichterketten aus den Vorgärten und die Lichterbögen aus den Wohnungsfenstern. Für die Werbe-Weihnachtsmänner waren plötzlich keine Kostüme mehr da. Ein gezielter Kurzschluss ließ die illuminierten Weihnachtsbäume Ende November erlöschen, ebenso die Lichterketten mit den Rentier-Schlitten. Auch die an den Fassaden hochkletternden Weihnachtsmänner lagen plötzlich im Dunkeln.

Aus den Adventskalendern der Kinder fielen die Schokoriegel heraus. Und im Fernsehen wies ein Moderator darauf hin, dass der Advent in früherer Zeit eigentlich ein Fastenmonat war.

Es würde still im Land, wenn auch noch das endlose Getöne der herzerwärmenden Weihnachtslieder in den Kaufhäusern unterbliebe. Wir könnten das alte Weihnachtsfest neu feiern: mit Blick auf das Kind in der Krippe, das uns so viel zu sagen hat.

MITEINANDER WARTEN IST NICHT SCHLIMM

Die Mutter zündet die erste Kerze auf dem Adventskranz an. Jakob schaut in den Kerzenschein.

»Warum muss man so lange auf das Jesuskind warten?«, fragt er. »Vier große Kerzen lang?«

»Auf etwas Schönes muss man meistens warten«, sagt die Mutter.

»Etwas Schönes braucht Zeit zum Wachsen. Zum Beispiel, bis ein Kind geboren wird. Damals haben die Menschen lange Zeit auf die Geburt des Jesuskindes gewartet. ›Wann kommt es denn endlich?‹, haben sie gefragt. Auch die Mutter Maria hat viele Monate lang gewartet, bis sie das Jesuskind zur Welt bringen konnte.«

»Hast du auf mich auch so lange warten müssen?«, fragt Jakob.

»Ja freilich«, sagt die Mutter.

»Dafür war ich dann schön und du hast dich gefreut«, sagt Jakob.

»Sehr gefreut«, sagt die Mutter.

Jakob schaut wieder in den Kerzenschein. »Miteinander warten ist nicht so schlimm«, sagt er.

DIE KLEINE STILLE UND DER GROSSE LÄRM

Im Dezember saß die kleine Stille traurig und mutlos in einer Ecke der Welt. Hoffnungslos betrachtete sie das Treiben in Dörfern und Städten. Rings um sie herum tobten Eile und Betriebsamkeit. Die Menschen hasteten geschäftig hin und her – ein Termin, eine Veranstaltung, eine Verabredung. Eine Verpflichtung jagte die nächste, und auch die vielen Adventsfeiern waren laut und lärmend. In den Geschäften herrschte ein hektisches Gedränge, und aus Lautsprechern wurden Waren lauthals angepriesen. Weihnachtslieder tönten aus allen Ecken. Keiner hatte Zeit, keiner achtete auf den anderen und niemand vernahm das zaghafte Rufen der kleinen Stille.

Mitten in all diesem Treiben und dieser Geschäftigkeit hatte sich der große Lärm breitgemacht, und er fühlte sich dort besonders wohl, wo er den meisten Krach machen konnte. Selbstzufrieden betrachtete er sein Werk.

Da nahm die kleine Stille ihren ganzen Mut zusammen und kämpfte sich durch das Gedränge, bis sie vor dem großen Lärm stand. Vorsichtig zupfte sie an seinem Rock, denn der Lärm war ein Riese, groß und furchterregend. Doch der große Lärm bemerkte die kleine Stille nicht, er war viel zu sehr damit beschäftigt, noch größeren Krach und Chaos zu verbreiten. Wieder und wieder versuchte es die kleine Stille, bis der große Lärm endlich reagierte und sich missmutig zur kleinen Stille herunterbeugte. »Was willst du von mir? Lass mich in Ruhe, siehst du nicht, dass ich beschäftigt bin!«, herrschte er sie an.

Da sagte die kleine Stille zum großen Lärm: »Du Lärm, du machst dich so schrecklich breit und lässt mir keinen Platz in den Herzen der Menschen. Sie können mich nicht mehr hören und mich nicht mehr verstehen. Keiner weiß mehr, wer ich bin.«

»Und?«, fragte der große Lärm ungeduldig, »was habe ich damit zu schaffen? Das ist nicht mein Problem, ich kann mich nicht beklagen.«

Die kleine Stille antwortete: »Merkst du nicht, wie die Menschen krank werden von all dem Lärm, der Hetze und Eile? Sie werden krank an Leib und Seele. Sie haben keine Zeit mehr zuzuhören. Keine Zeit, nach *innen* zu hören; das ganz Leise und Zarte zu verstehen. Komm, rutsch ein wenig zur Seite, damit man mich wieder wahrnimmt und versteht.«

Der große Lärm aber war immer noch ganz und gar von sich überzeugt und hatte nicht die geringste Absicht, der kleinen Stille Platz zu machen. Die Menschen liebten ihn doch, warum also sollte er das tun?

Aber die kleine Stille gab nicht auf. Wieder zupfte sie an seinem Rock. »Komm«, sagte sie, »beug dich ein wenig zu mir herunter, ich möchte dir etwas sagen.«

Der große Lärm beugte sich herunter, und die kleine Stille flüsterte ihm etwas ins Ohr. Plötzlich wurde der große Lärm ganz still und nachdenklich. Ein Leuchten ging über sein hartes und zerfurchtes Gesicht und leise fragte er: »Das alles will Gott sagen und schenken?«

»Ja«, flüsterte die kleine Stille, »Gott möchte in die Welt kommen, aber nicht in diesen Lärm, den du verbreitest. Gott möchte die Herzen der Menschen erreichen, ihnen wieder innere Ruhe und Zufriedenheit schenken. Siehst du, und deshalb bin ich hier, denn ich habe allen etwas zu sagen. Doch du machst dich einfach zu breit. Wenn du mir jetzt etwas Platz machst und wir es richtig anfangen, ist für uns beide Raum genug.«

Und tatsächlich, der große Lärm rutschte zur Seite, und die kleine Stille wurde wieder gehört und wahrgenommen.

Die Menschen begannen, sich wieder auf das zu besinnen, was in der Adventszeit so wichtig war: Stille zu genießen, dem Spiel einer flammenden Kerze zuzusehen oder gemeinsam mit den Kindern um den Adventskranz zu sitzen und Lieder zu singen. Und zu warten und sich zu freuen auf das, was vor zweitausend Jahren in einem armseligen Stall geschah.

71
GEDULDIG WARTEN

In der Zeichenstunde malen die Kinder Einladungskarten für das Adventsspiel in der Schule. Xaverl malt den Verkündigungsengel, wie er gerade bei Maria ankommt: Mit seinen starken Flügeln hat er den Vorhang des Fensters zur Seite wehen lassen; in der Hand hält er einen Blumenstrauß.

»Schön, nicht?«, sagt Xaverl zum lieben Gott. Er sagt es nicht laut. Er sagt es in seinem Inneren. Kein Kind in der Klasse merkt, dass Xaverl sich eben mit Gott unterhält.

»Jetzt weiß die Maria, dass das Jesuskind kommen wird. Jetzt kann sie auf seine Ankunft warten, Windeln nähen und sich freuen. – Und dann male ich noch die Hirten, wie sie bei der Krippe ankommen. Und den Stern, wie er über dem Dach ankommt, und die Heiligen Drei Könige keuchen hinter ihm her.

Lauter Ankunftsbilder. Advent heißt ankommen, das haben wir gelernt. Gefällt dir das Bild, wie der Engel bei Maria ankommt?«

Und dann wird Xaverl still, ganz still, damit er hören kann, was Gott ihm antwortet.

»Ja«, sagt Gott. »Besonders der Blumenstrauß.«

»Kommst du eigentlich bei allen Menschen an?«, fragt Xaverl.

»Ja«, sagt Gott. »In jedem Augenblick komme ich an. – Nur werden es manche nicht gleich erkennen.«

»Was machst du dann?«, fragt Xaverl.

»Ich warte«, sagt Gott.

»Advent ist auch die Zeit des Wartens, haben wir gelernt«, sagt Xaverl. »Nur hätte ich nie gedacht, dass du es bist, der wartet.«

Er denkt nach.

»Allein warten ist nicht schön. Ich könnte dir beim Warten helfen, wenn es dir recht ist.«

»Da wirst du aber viel Geduld haben müssen«, sagt Gott.

»Wenigstens probieren will ich's«, sagt Xaverl.

»Und wenn dann einer zu dir sagt: Oh, da bist du ja!, freuen wir zwei uns gemeinsam. Einverstanden?«

»Einverstanden«, sagt Gott.

72
DIE KRAFT AUS DER STILLE

In der Advents- und Weihnachtszeit häuft sich auch für einen einfachen Dorfpfarrer die Arbeit. Da kommen zu den üblichen Pflichten auch noch Bußfeiern und Krippenspielproben hinzu, vermehrte Seelsorgegespräche und eine größere Anzahl an Predigtvorbereitungen.

So war es kein Wunder, dass der Pfarrer unter einem recht weltlichen Stress stand, als er wenige Tage vor dem Christfest dem Furtnerhof einen seiner turnusmäßigen Besuche abstattete. Was ihn dort beim Betreten der Stube erwartete, war ein riesiges Tohuwabohu, Stühle waren umgekippt, die schöne Tischdecke lag am Boden. Waren da nicht auch Scherben in der Ecke? Und die ganze Familie rutschte auf den Knien rund um einen großen Schrank herum. Dem Pfarrer verschlug es die Sprache und er blieb entgeistert an der Tür stehen.

Plötzlich sah er unter dem Schrank ein wuscheliges Fellknäuel hervorrasen und wurde von seiner Ratlosigkeit erlöst: Der Hamster war aus dem Käfig entwischt und floh vor seinen Häschern!

Im Nu war auch der Pfarrer auf den Knien, um tatkräftig mitzujagen. Da erst sahen ihn die Bauersleute und staunten nicht schlecht über den unerwarteten Beistand. Die Hamsterhatz dauerte noch eine gute halbe Stunde, doch das Tierchen war einfach zu flink und zu gewitzt.

Entnervt und außer Atem gab die Jagdgesellschaft schließlich auf und verschnaufte auf der Bank. War die gute Stube eben noch ein lautstarkes Chaos, so war es nun plötzlich mucksmäuschenstill. Eine Stecknadel hätte man fallen hören können.

Dann plötzlich ein leises Geräusch. Das wuselige Trippeln von Hamsterfüßchen. Der Flüchtling eilte schnurstracks in seinen Käfig zurück.

Ende gut, alles gut? Nein, für die Furtners war die Geschichte noch nicht ganz vorbei: Als sie am zweiten Weihnachtsfeiertag in der Kirche saßen und der Predigt lauschten, stieg auf einmal in die Gesichter der schlichten Bauersfamilie eine tiefe Röte. Denn der Herr Pfarrer sprach plötzlich von ihrem kleinen unwichtigen Hamster. Und er sagte, dass Gott ihm vor ein paar Tagen in der Furtner-Stube eine schöne Lehre erteilt habe, die da lautet: Im Innehalten und Warten läge eine ungeahnte Kraft. Und dass wir alle jeden Tag unserem speziellen »Hamster« nachjagen. Und dieser würde ganz verschiedene Namen tragen – zum Beispiel Eifersucht, Rechthaberei, Groll, Neid, Habsucht und vieles andere mehr. Aber erst wenn wir in die Stille und nach innen gingen, würden wir erkennen, dass diese »Hamsterjagd« sinnlos ist und am Wesentlichen vorbeigeht. Sogar den Propheten Jesaja hat der Pfarrer angeführt. »Durch Umkehr und Ruhehalten werdet ihr gerettet werden, im Stillesein und Vertrauen besteht eure Kraft« (Jes 30,15).

Nach dem Gottesdienst erhielten die Furtners von vielen Nachbarn ein warmes Lächeln und liebe Worte und fühlten sich zwei Tage nach der Bescherung noch einmal ganz reich beschenkt.

73
EIN TON GENÜGT FÜR DAS WUNDER

Ein armer Hirtenjunge, der in den Bergen bei Bethlehem die Schafe hütete, hörte von der Botschaft, dass ein neuer König in einem Stall zu Bethlehem geboren sei. Aber bevor er sich aufmachte, zu dem Kind zu gehen, machte er sich noch auf die Suche nach einem Lamm, das er verloren hatte.

Da stand plötzlich ein Engel vor ihm und sagte: »Mach dir keine Sorgen um dein verlorenes Schaf. Heute ist ein Hirt geboren worden, der holt alle zurück, die verloren sind. Er ist angekommen, um die ganze Welt zu erlösen.«

Der Hirtenjunge spürte, dass er nicht ohne Geschenk losgehen könne. Doch der Engel reichte ihm, als habe er seine Gedanken erraten, eine glänzende Flöte und gebot ihm, darauf für das neugeborene Kind zu spielen.

Dankbar nahm der kleine Hirte die Flöte und setzte sie an den Mund. Sie spielte wie von selber und ließ sieben himmelreine Töne erklingen.

Fröhlich sprang er den Beg hinunter und achtete kaum auf den Weg. Als er ein Bachbett übersprang, stolperte er, fiel hin und verlor auch die Flöte. Da fluchte er ärgerlich. Als er die Flöte aufhob, war sie um einen Ton ärmer.

Er rannte weiter, bis ihm ein Wolf den Weg versperrte. Wut packte ihn, wenn er an all die gerissenen Schafe dachte und warf die Flöte nach ihm. Sofort nahm der Wolf Reißaus, aber wieder hatte die Flöte einen Ton verloren.

Er kam zu seiner Herde. Alle Tiere lagen still, nur ein Schaf blökte laut, ließ sich nicht in den Pferch treiben und wollte davonrennen. Da schlug er mit der Flöte nach ihm – es blieben ihr nur noch vier Töne.

Darüber war der Junge so verärgert, dass er einem Wasserkrug, der in der Nähe stand, einen Fußtritt gab. Dabei flog ihm die Flöte aus der Hand. Als er sie aufhob, gab sie nur noch drei Töne her.

Am Stadttor von Bethlehem wollten Kinder ihm die besondere Flöte abnehmen, doch er wehrte sich und schlug mit seiner Flöte auf sie ein. Jetzt besaß sie nur noch zwei Töne.

Schon sah er den Stall. Darüber den großen Stern. Aber sollte hier jener geboren sein, der alle Verlorenen heimholt? In einer Futterkrippe für Tiere? Er zweifelte! Da hatte die Flöte nur noch einen Ton.

So trat er ein. Er blieb am Eingang stehen. Er schämte sich, weil seine himmlische Gabe so unscheinbar geworden war.

Aber dennoch versuchte er, auf der Flöte zu spielen. Er blies ihren einzigen Ton, der ihr noch verblieben war. Dieser klang so rein und schön, dass alle im Stall lauschten: Maria und Josef, der Ochs und der Esel und alle, die noch gekommen waren. Das Kind in der Krippe lächelte dem kleinen Hirten zu und streckte seine Hände aus. Und der Junge trat näher und freute sich.

Da berührte das Kind die Flöte. Im Augenblick wurde sie wieder so, wie der Engel sie ihm gegeben hatte: volltönend, ganz rein und schön.

74
WEIHNACHTEN IST HEUTE

Eine Legende aus Russland erzählt vom Mütterchen Babuschka:

In einer kalten Winternacht schickt sie sich gerade an, ins warme Bett zu schlüpfen, als es an die Tür klopft. Sie hört nicht darauf. Das Klopfen wird lauter. Schließlich öffnet sie die Tür.

Draußen stehen Hirten mit roten Nasen und Schnee im Haar. Aufgeregt erzählen sie dem Mütterchen von einem königlichen Kind, das nicht weit entfernt in eben dieser Nacht geboren wurde.

»Komm schnell, Babuschka«, sagt der Ältere, »komm schnell, du kannst mit Kindern umgehen.«

Babuschka schüttelt den Kopf. Zu warm ist das Bett und zu kalt pfeift der Wind durch den Türspalt.

»Morgen«, sagt das Mütterchen, »wartet bis morgen.«

Die Hirten ziehen enttäuscht ab. Kurz darauf klopfen sie wieder an die Tür. Um einen Korb betteln sie, um etwas

Fleisch oder Brot. Sie wollen es selbst zum Kind bringen.

»Morgen«, sagt Babuschka.

Am nächsten Tag hält sie tatsächlich ihr Wort. Sie packt einen Beutel mit Geschenken: einen weichen Schal für die Frau, einen silbernen Löffel für den Jungen, Spielzeug und Schachfiguren aus Elfenbein.

Aber als sie ankommt, ist der Stall leer. Er ist leer.

75
JOSEF DENKT NACH

»Ich geh ein wenig vor die Tür«, sagte Josef.

Und Maria sagte: »Ja.«

»Wenn du etwas willst, brauchst du nur zu rufen«, sagte Josef.

Und Maria sagte: »Ja.«

»Ich will nur ein bisschen Luft schnappen.«

Maria sagte: »Ja, Josef, geh nur. Ich brauche nichts. Es ist alles gut.«

Josef schaute über die linke Schulter zurück. Verlegen ein wenig und verworren, sah er, wie sie sich über das Kind beugte; sah, wie sie mit der Hand versuchte, es zu streicheln. Sie flüsterte etwas, aber er konnte es nicht verstehen. Er wusste nicht, was sie zu dem Kind sagte. Nur, dass er die beiden jetzt allein lassen musste, das wusste er. Dass er jetzt hier raus musste, das wusste er. Es ging über seinen Verstand. Nicht, dass die plötzliche Geburt ihn überrascht hatte. Das nicht. Das war kein Wunder. Die neun Monate waren um. Dazu kam die Anstrengung der letzten Tage. Und seit wann nahmen die Behörden Rücksicht auf die Leute?

Ja, ich hätte es mir damals überlegen sollen! Und Josef dachte an den Engel, der ihn aus dem Schlafe geschreckt hatte; erinnerte sich seiner Worte, dieser unglaublichen Botschaft: »Sie wird ein Kind haben – ohne dich!«

»Ein Kind von einem anderen also!«

»Ja, von einem anderen. Aber nicht so, wie du denkst. Nicht von einem Manne, Josef.«

»Das soll ich verstehen? Ich bin ein Zimmermann, Engel! Ich kann nicht einmal lesen. Das ist doch kein Grund, mich zu verspotten!«

Und er quälte sich. Und er dachte: Ich träume! Biss sich in den Finger, schrie auf vor Schmerz, so biss er zu und schwieg, als er die Stimme des Engels wieder hörte: »... die Leute werden ihn Immanuel nennen. Verstehst du jetzt, Zimmermann? Immanuel!«

Doch Josef hörte ihn nur; verstehen konnte er ihn nicht. Nicht um alles in der Welt. Tat nur, was der Engel ihm sagte. Verließ das Haus, ging zu ihr und sagte: »Komm zu mir, Maria!« Und nahm sie schüchtern bei der Hand – Was ist sie nur für eine Frau? – und vertraute auf den Spruch des Engels.

Der Herr hat gesprochen. Der Herr weiß, was er tut. Der Herr wird seine Hand über uns halten.

Lange stand Josef draußen vor der Tür. Von den Bergen her kam kalter Wind. Er kühlte seine heißen Schläfen, das heftig pochende Herz. Seine zitternden Hände beruhigten sich nur langsam. Immer wieder war er versucht, die Tür einen Spaltbreit zu öffnen, um zu sehen, ob da drinnen nicht doch noch das große Wunder geschah, auf das er wartete. Das Wunder, das diesen miserablen Stall verwandelte. In eine Wohnung für Immanuel.

»Wo bist du, Engel, wo ist dein Versprechen?«

Ihre Meinung ist uns wichtig!

Diese Karte lag in dem Buch:

....

Ihre Meinung zu diesem Buch:

....
....
....

Wie sind Sie auf dieses Buch gestoßen?

⭘ Buchbesprechung in:

⭘ Anzeige in:

⭘ Verlagsprospekt

⭘ Entdeckung in der Buchhandlung

⭘ Internet

⭘ Empfehlung

⭘ Geschenk

⭘ Religion
⭘ Spiritualität & Lebenskunst
⭘ Kinder & Familie
⭘ Kirche & Gemeinde
⭘ Theologie & Religionswissenschaft

⭘ Garten / Kochen / Wohnen
⭘ Kalender & Geschenke
⭘ Psychologie & Lebenshilfe
⭘ Geschichte/Geschichtswissenschaft

Fordern Sie unsere aktuellen Themenprospekte an:

bestellungen@verlagsgruppe-patmos.de
Fax +49.711.4406-177
Tel +49.711.4406-194

Einen Überblick unseres **Gesamtprogramms** finden Sie unter
www.verlagsgruppe-patmos.de

PATMOS
ESCHBACH
GRÜNEWALD
THORBECKE
SCHWABEN

Die Verlagsgruppe
mit Sinn für das Leben

gerne informieren wir Sie künftig über unsere Neuerscheinungen. Teilen Sie uns mit, für welche Themen Sie sich interessieren und schicken einfach diese Karte zurück.
Wenn Sie außerdem unsere Fragen auf der Rückseite beantworten, helfen Sie uns, zukünftig genau die Bücher zu machen, die SIE interessieren!

*Gerne revanchieren wir uns für Ihre Mühe:
Unter allen Einsendern verlosen wir monatlich Bücher aus unseren Programmen im Wert von € 50,-*

VORNAME / NAME

STRASSE / HAUSNUMMER

PLZ / ORT

E-MAIL

Bei Angabe Ihrer Mail-Adresse erhalten Sie rund 6 Mal jährlich unseren Newsletter, der Sie über die uns genannten Themenbereiche informiert.

Antwort

VERLAGSGRUPPE PATMOS

Senefelderstraße 12
D-73760 Ostfildern

Aber es gab keinen Engel, gab keine Antwort – nur den Wind. Einen kalten Wind, der kalkigen Staub mitbrachte von den Bergen, Schafsgeruch von den Herden, Hundegebell.

»Ich bin nur ein einfacher Mann, Engel!«, stöhnte Josef, »zimperlich bin ich auch nicht. Auch zu Hause hätten wir uns einen Arzt nicht leisten können. Sicher nicht. Aber zu Hause, da wären die Nachbarn da gewesen. Und vielleicht wäre auch Elisabet für ein paar Tage herübergekommen, Aber so, wie soll ich hier, vor dieser elenden Tür, dein Versprechen deuten? Das meine halten? Ich schäme mich, Engel! Nicht einmal eine Bank in einer billigen Kneipe habe ich auftreiben können. Eine Bank neben dem Fenster, neben dem Herd. Kein Tropfen heißes Wasser – weißt du überhaupt, was das heißt, Engel?« Josef schlug seinen Kopf gegen das Gatter und flüsterte: »Nichts als ein paar brüchige Bretterwände, die kaum die ärgste Kälte abhalten, eine Laterne mit einem Kerzenstummel, ein Ochse und ein Esel – für deinen Immanuel!«

Er spürte die Tränen nicht, die ihm übers Gesicht liefen. Er spürte den Frost nicht, der ihn schüttelte. Er fürchtete sich vor morgen und übermorgen. Maß ja alles an der Elle von heute.

Da hörte er Stimmen, Stimmen von Männern und Kindern. Und einer rief: »Dort drüben in der Hütte, dort muss es sein. Ich sehe Licht!«

Da glaubte er wieder.

UND ER SCHAUT UND HÖRT UND STAUNT ...

Ein kleiner Junge ist stolz darauf, einen Großvater zu haben, der Figuren schnitzen kann. Es ist schon faszinierend zuzusehen, wie langsam aus einem Stück Holz »lebendige« Gestalten entstehen. Der Junge vertieft sich so in die geschnitzten Krippenfiguren, dass sich seine Gedanken mit der Welt der Figuren vermischen: Er geht mit den Hirten und Königen in den Stall und steht plötzlich vor dem Kind in der Krippe.

Da bemerkt er: Seine Hände sind leer! Alle haben etwas mitgebracht, nur er nicht. Aufgeregt sagt er schnell: »Ich verspreche dir das Schönste, was ich habe! Ich schenke dir mein neues Fahrrad – nein, meine elektrische Eisenbahn.«

Das Kind in der Krippe schüttelt lächelnd den Kopf und sagt: »Ich möchte aber gar nicht deine elektrische Eisenbahn. Schenke mir deinen – letzten Aufsatz!«

»Meinen letzten Aufsatz?«, stammelt der Junge ganz erschrocken, »aber da steht doch ..., da steht ›ungenügend‹ drunter!«

»Genau deshalb will ich ihn haben«, antwortet das Jesuskind. »Du sollst mir immer das geben, was ›nicht genügend‹ ist. Dafür bin ich in die Welt gekommen!«

»Und dann möchte ich noch etwas von dir«, fährt das Kind in der Krippe fort, »ich möchte deinen Milchbecher!«

Jetzt wird der kleine Junge traurig: »Meinen Milchbecher? – Aber der ist mir doch zerbrochen!«

»Eben deshalb will ich ihn haben«, sagt das Jesuskind liebevoll, »du kannst mir alles bringen, was in deinem Leben zerbricht. Ich will es heil machen!«

»Und noch ein Drittes möchte ich von dir«, hört der kleine Junge wieder die Stimme des Kindes in der Krippe, »ich möchte von dir noch die Antwort haben, die du deiner Mutter gegeben hast, als sie dich fragte, wieso denn der Milchbecher zerbrechen konnte.«

Da weint der Junge. Schluchzend gesteht er: »Aber da habe ich doch gelogen. Ich habe der Mutter gesagt: ›Der Milchbecher ist mir ohne Absicht hingefallen.‹ Aber in Wirklichkeit habe ich ihn ja vor Wut auf die Erde geworfen.«

»Deshalb möchte ich die Antwort haben«, sagt das Jesuskind bestimmt, »bring mir immer alles, was in deinem Leben böse ist, verlogen, trotzig und gemein. Dafür bin ich in die Welt gekommen, um dir zu verzeihen, um dich an die Hand zu nehmen und dir den Weg zu zeigen …«

Und das Jesuskind lächelt den Jungen wieder an. Und der schaut und hört und staunt …

77
DER KOSTBARE STERN

Die Nacht war bitterkalt und die Hirten saßen eng beieinander am Feuer. Keiner sagte ein Wort, aber auf ihren Gesichtern konnte man lesen, wie sehr sie die Begegnung mit Jesus, dem kindlichen König in der Krippe, berührt hatte. Seine Geburt in dem ärmlichen Stall war so etwas Großes für sie, dass ihnen alle Worte fehlten. Nachdem sie lange so dagesessen hatten, brach der Älteste von ihnen das Schweigen: »Wisst ihr, ich habe schon oft in solch einer kalten Nacht gewacht und den Sternen zugesehen. Mitten in der Finsternis sind sie wie kleine Fenster, durch die das geheimnisvolle Licht des Himmels leuchtet. Ich glaube, der kindliche König ist auch so wie ein Stern. Nur ist er es anders, viel wirklicher und tausendmal heller – er ist das Licht selber.« Nach diesen Worten schwiegen sie wieder, bis sie auf den Jüngsten in ihrem Kreis aufmerksam wurden.

Ganz versunken nestelte der mit seinen Fingern an einem Strohhalm herum.

»Was machst du denn da?«

»Ich habe mir die Halme als Erinnerung aus dem Stall mitgenommen«, erklärte der Kleine. »Als wir vorhin an der Krippe waren und die vornehmen Leute aus dem Osten mit Geschenken kamen, wollte auch ich dem kindlichen König etwas schenken. Allein, wir Hirten sind so arm! Als Großvater aber eben von den Sternen erzählte, habe ich begonnen, aus diesen Halmen einen Stern zu flechten, und den will ich dem Jesus schenken.«

Die Hirten fanden dies eine sehr schöne Idee und begleiteten ihren jüngsten Sprössling am kommenden Abend zum Stall. Als sie dort ankamen, war aber niemand mehr da. Darüber wurden sie sehr traurig, bis ihre Trauer von einer geheimnisvollen Macht verwandelt wurde. Mit viel Liebe begannen die Hirten aus dem Stroh der Krippe Sterne zu flechten. Noch in derselben Nacht gingen sie los und verschenkten ihre Strohsterne an die Menschen in Bethlehem.

»Im Dunkel scheint ein neues Licht. Gott liebt die Menschen«, erklärten sie ihre Geschenke. »Er hat seinen Sohn auf die Erde gesandt – ab heute gilt ein neues Gesetz:

Liebe soll herrschen statt Macht, Schwäche und Zärtlichkeit statt Kraft und Härte, Verschenken statt Besitzen –
und Armut ist mehr als Reichtum.«

So wurden in jener Nacht die ersten Strohsterne auf Er-
den verschenkt zum Zeichen für eine neue Zeit. Wenn dir
ein Mensch einmal einen solchen Stern schenkt, behüte
ihn wohl, er wurde aus Liebe geflochten – damals in
Bethlehem wie heute – und sein Stroh ist unendlich mehr
wert als alles Gold der Erde.

QUELLENNACHWEIS

Trotz intensiver Bemühungen ist es uns nicht gelungen, alle Rechteinhaber zu ermitteln. Wir bitten diese daher um Verständnis, wenn wir gegebenenfalls erst nachträglich eine Abdruckhonorierung vornehmen können.

1 Aus: Peter Bloch, Gut ist, was verrottet, Kritische Texte © Kreuz Verlag, Stuttgart 1978, S. 65 (Originaltitel: Weisheit)
2 Aus: Anthony de Mello, Eine Minute Weisheit, übersetzt von Ursula Schottelius © Verlag Herder GmbH, Freiburg im Breisgau, Neuausgabe 2011, S. 11f. (Originaltitel: Religion)
3 Aus: Roman Brandstätter, Sehr kurze Geschichten © St. Benno-Verlag Leipzig, www.st-benno.de
4 © Bert Noglik
5 Katharina Seidel © Rechte bei der Autorin
6 Aus: Erich Scheurmann, Der Papalagi © 2001/2008 by Oesch Verlag AG, Zürich
7 Aus: Antoine de Saint-Exupéry, Der Kleine Prinz, S. 98 © 1950 und 2008 Karl Rauch Verlag, Düsseldorf
8 Aus: Anthony de Mello, Warum der Schäfer jedes Wetter liebt, Weisheitsgeschichten, übersetzt von Ursula Schottelius © Verlag Herder GmbH, Freiburg im Breisgau, 26. Gesamtauflage 2010, S. 16f. (Originaltitel: Der tanzende Rabbi)
9 Nach Ludwig Burgdörfer, Schiebe deinen Nächsten wie dich selbst © 2007 Brunnen Verlag Gießen (gekürzt)
10 Aus: Hellmut von Cube, Tierskizzenbüchlein (Originaltitel: Die Eidechse)
11 Hubert Rüenauver/Heribert Zingel, Den Sonntag feiern © 1992, Kösel-Verlag, München, in der Verlagsgruppe Random House GmbH

12 Aus: Michael Ende, Momo © 1973 by Thienemann Verlag (Thienemann Verlag GmbH), Stuttgart – Wien. www.thienemann.de

13 Überliefert

14 ·Aus: Margarete Walke, Die Blume in der Wüste. Neue Geschichten und Gesprächsimpulse für Gemeinde und Schule © Matthias-Grünewald-Verlag, Ostfildern/Mainz 1998, S. 22f

15 Aus: Norbert Lechleitner, Sonne für die Seele, 211 überraschende Weisheitsgeschichten, die jeden Tag ein wenig fröhlicher machen © Verlag Herder GmbH, Freiburg im Breisgau, 2008 (Originaltitel: Nach innen)

16 Aus: Martin Buber, Die Erzählungen der Chassidim © 1949, Manesse Verlag, Zürich, in der Verlagsgruppe Random House GmbH, München

17 Genaue Quelle unbekannt

18 Nach Hermann Kirchhoff, Ursymbole, Kösel-Verlag, München 1982, S. 59

19 Albert Theile, in: Junge Mannschaft.

20 Aus: Anthony de Mello, Eine Minute Weisheit, übersetzt von Ursula Schottelius © Verlag Herder GmbH, Freiburg im Breisgau, Neuausgabe 2011, S. 14 (Originaltitel: Tiefe)

21 Eugen Rucker © Rechte beim Autor

22 Werner Meyer zum Farwig, aus: Peter Müller, Wer aufbricht, kommt auch heim. Vom Unterwegssein auf dem Jakobsweg, Eschbach Verlag, 1993, S. 8 © Rechte beim Autor

23 Nach H.G. Schwieger, Des Menschen Engel ist die Zeit, Blaue Reihe, Verlag H. G. Schwieger, Wiesbaden 1958

24 Nach Josef Schulte

25 Aus: Anthony de Mello, Eine Minute Weisheit, übersetzt von Ursula Schottelius © Verlag Herder GmbH, Freiburg im Breisgau, Neuausgabe 2011, S. 13 (Originaltitel: Anwesenheit)

26 Aus: Norbert Lechleitner, Auf den Flügeln des Glücks, Weisheit für die Westentasche © Verlag Herder GmbH, Freiburg im Breisgau, 2. Auflage 2009, S. 130ff. (Originaltitel: Versenkung)

27 Aus: Khalil Gibran, Der Narr. Lebensweisheit in Parabeln. Übersetzt von Florian Langegger © Patmos Verlag der Schwabenverlag AG, Ostfildern/Düsseldorf 1975 (2007), S. 9f. (Originaltitel: Gott)

28 Marianne Pichlmann, 4846 Redlham 191 © Rechte bei der Autorin

29 Monika Endres © Rechte bei der Autorin

30 Ursula Berg © Rechte bei der Autorin

31 Frei gestaltet nach Erhart Kästner

32 Genaue Quelle unbekannt

33 Andrea Pichlmeier © Rechte bei der Autorin

34 Rosemai Schmidt, nach einer Geschichte von Ludwig Strauß

35 Aus: Axel Kühner, Eine gute Minute © Neukirchener Aussaat, Neukirchener Verlagsgesellschaft, Neukirchen-Vluyn, 9. Auflage 2008

36 Wladimir Lindenberg, Jenseits der Fünfzig, München/Basel 1971, S. 133. Hier zitiert nach Rudolf Stertenbrink, In Bildern u. Gleichnissen, Bd. 2, Freiburg ³1982, S. 74

37 Aus: Klaus Nagorni, Verweile doch, du hast ja Zeit. Geschichten zum Aufatmen © Matthias-Grünewald-Verlag der Schwabenverlag AG, Ostfildern 2011

38 Nach Metropolit Anthony

39 Andreas Laun © Rechte beim Autor

40 Marianne Pichlmann, 4846 Redlham 191 © Rechte bei der Autorin

41 Monika Endres © Rechte bei der Autorin

42 Aus: Stephan Röder/Rüdiger Schaarschmidt, Beten geht unter die Haut. Anregungen und Texte für junge Leute © Rechte bei den Autoren

43 Horst Loreck, aus: »image«-Pfarrbriefmaterial Nr. 7/81, Bergmoser + Höller Verlag, Aachen

44 Aus: Kurt Bucher, Wegmarken. Kurze Geschichten als Predigthilfen, rex verlag luzern 1980

45 Aus: Anthony de Mello, Eine Minute Weisheit, übersetzt von Ursula Schottelius © Verlag Herder GmbH, Freiburg im Breisgau, Neuausgabe 2011, S. 112 (Originaltitel: Menschlichkeit)

46 Aus: Stephan Röder/Rüdiger Schaarschmidt, Beten geht unter die Haut. Anregungen und Texte für junge Leute © Rechte bei den Autoren

47 Überliefert

48 Nach Wilhelm Müller, gefunden in: Österreichische Katholikenzeitung 1983

49 Aus: Christina Riecke (heute: Brudereck), Days of Grace © 2004 Brunnen Verlag Gießen

50 Buddhistische Überlieferung

51 Aus: »Die Sternsinger« – Diaspora 3/2008, S. 10f.

52 Aus: Martin Buber, Die Erzählungen der Chassidim © 1949, Manesse Verlag, Zürich, in der Verlagsgruppe Random House GmbH, München

53 Friedrich Dietz © Rechte bei Winfried Engel

54 Aus: Norbert Lechleitner, Flügel für die Seele, 100 überraschende Weisheitsgeschichten, die jeden Tag ein wenig beschwingter machen © Verlag Herder GmbH, Freiburg im Breisgau, 6. Gesamtauflage 2003, S. 22 (Originaltitel: Ein dicker Fisch)

55 Leonardo da Vinci

56 Aus: Antje Sabine Naegeli, Dass die Nacht dir Frieden bringt. Eine Wegbegleitung © 2002 Verlag am Eschbach der Schwabenverlag AG, Eschbach/Markgräflerland

57 Quelle unbekannt

58 Aus: Reinhard Lettmann, Der fünfte Engel © 1993 Butzon & Bercker GmbH, Kevelaer, www.bube.de

59 Aus: Christa Spilling-Nöker, Was mich mit Sinn erfüllt. Ein immerwährender Fastenkalender. © 2007 Butzon & Bercker GmbH, Kevelaer, 2. Woche, Tag 4, www.bube.de (Originaltitel: Was hast du unterwegs erlebt)

60 Aus: Norbert Lechleitner, Oasen für die Seele, 201 überraschende Weisheitsgeschichten, die jeden Tag ein wenig leichter machen © Verlag Herder GmbH, Freiburg im Breisgau, 2009, S. 120f. (Originaltitel: Lehrmeister)

61 Monika Endres © Rechte bei der Autorin

62 Mary Austin

63 Aus: Anthony de Mello, 365 Geschichten, die gut tun, Weisheit für jeden Tag, hrsg. von Jorg Lix © Verlag Herder GmbH, Freiburg im Breisgau, 2006, S. 108

64 Genaue Quelle unbekannt

65 Ursula Berg © Rechte bei der Autorin

66 Aus: Anthony de Mello, Wer bringt das Pferd zum Fliegen? Weisheitsgeschichten, übersetzt von Ursula Schottelius © Verlag Herder GmbH, Freiburg im Breisgau, 14. Gesamtauflage 2008, S. 111f. (geringfügig verändert)

67 Überliefert

68 Quelle unbekannt

69 Lene Mayer-Skumanz © Rechte bei der Autorin

70 Brigitte Ropertz © Rechte bei der Autorin

71 Lene Mayer-Skumanz © Rechte bei der Autorin

72 Helmut Gerstner © Rechte beim Autor
73 Nach Dan Lindholm
74 Nach einer alten Legende
75 Kurtmartin Magiera © Rechte bei Ingeborg Magiera
76 Nach einer Kurzgeschichte von Walter Baudet
77 Aus: Claudia und Ulrich Peters, Es ist für uns eine Zeit ange-
    kommen. Schwabenverlag AG, Ostfildern 2005, S. 105. Origi-
    naltitel: Zeichen einer neuen Zeit

Geschichten fürs Herz

Willi Hoffsümmer (Hg.)
77 Herzfenster
Geschichten, die gut tun

5. Auflage 2011
Format 12 x 19 cm
136 Seiten
Hardcover mit Leseband
ISBN 978-3-7867-2750-7

»Leidenschaftlich sammle ich jetzt schon über dreißig Jahre lang Geschichten. In ihnen spiegeln sich unsere Erfahrungen, unsere Welt und unser Leben. Darum ist es nicht zufällig, dass ich Ihnen in meinem einhundertsten Buch auch Geschichten erzähle, die innere Fenster aufstoßen, die Ihr Herz berühren können und Sie leichter über die Hindernisse des Tages hinwegkommen lassen.«
Willi Hoffsümmer, Aus dem Vorwort

GRÜNEWALD   www.gruenewaldverlag.de

Geschichten zum Träumen

Willi Hoffsümmer (Hg.)
77 Traumfenster
Geschichten, die beflügeln

Format 12 x 19 cm
120 Seiten
Hardcover mit Leseband
ISBN 978-3-7867-2824-5

»Haben Sie noch Träume?«, fragt Willi Hoffsümmer am Anfang seines Buches. Denn Träume können den Himmel berühren und die Erde verwandeln. Seine 77 Geschichten sind Fenster, die uns den Blick auf unsere Träume und Sehnsüchte öffnen und Mut machen, über den Horizont des Alltags, ja der Welt hinauszuschauen.

GRÜNEWALD   www.gruenewaldverlag.de

Viel Glück

Willi Hoffsümmer / Anneliese Hück (Hg.)
70 Glücksfenster
Geschichten zum Geburtstag

Format 12 x 19 cm
120 Seiten
Hardcover mit Leseband
ISBN 978-3-7867-2856-6

»Viel Glück!« oder »Viel Glück und viel Segen!« wünschen wir, wohl wissend, dass die Farben des Glücks so vielfältig sind wie ein bunter Blumenstrauß. Wer dabei nur die Rosen im Blick hat, übersieht leicht die kleinen Gänseblümchen am Weg. Die 70 Geschichten dieses Geburtstagsbuchs sind Fenster, die unseren Blick auf die ganz verschiedenen Facetten des Glücks lenken – so können unsere Glück-Wünsche wirklich in Erfüllung gehen.

GRÜNEWALD   www.gruenewaldverlag.de